国家示范性高等职业院校课程改革教材

Daolu Gongcheng Shigong Celiang Anli

道路工程施工测量案例

唐杰军　赵　欣　编著
左宜军　主审

人民交通出版社

内 容 提 要

本书为国家示范性高等职业院校课程改革教材。本书以培养学生的职业技能为目标，以学生从事岗位工作过程为导向，符合目前高职教学的基本要求，重点介绍了目前道路工程中常见的施工测量方法。全书共包括八个学习项目，分别是：高速公路原始导线点和水准点恢复测量、高速公路中线施工放样、排水工程施工放样、防护工程施工放样、路面工程施工放样、大中桥施工放样、隧道工程施工放样、交叉口施工放样。

本书可与《道路工程测量》配套使用。

本书可作为交通高职院校道路桥梁工程技术专业用教材，还可作为相关专业的参考教材或供工程技术人员参考。

图书在版编目（CIP）数据

道路工程施工测量案例/唐杰军，赵欣编著. —北京：人民交通出版社，2010.7

ISBN 978-7-114-08491-1

I. ①道… II. ①唐… ②赵… III. ①道路测量—案例—高等学校：技术学校—教材 IV. ①U412.24

中国版本图书馆 CIP 数据核字（2010）第 135508 号

国家示范性高等职业院校课程改革教材

书　　名：**道路工程施工测量案例**
著 作 者：唐杰军　赵　欣
责任编辑：黎小东
出版发行：人民交通出版社
地　　址：（100011）北京市朝阳区安定门外外馆斜街 3 号
网　　址：http://www.ccpress.com.cn
销售电话：（010）59757973
总 经 销：人民交通出版社发行部
经　　销：各地新华书店
印　　刷：北京鑫正大印刷有限公司
开　　本：787×1092　1/16
印　　张：9.25
字　　数：227 千
版　　次：2010 年 7 月　第 1 版
印　　次：2021 年 8 月　第 6 次印刷
书　　号：ISBN 978-7-114-08491-1
定　　价：23.00 元

国家示范性高等职业院校课程改革教材
编审委员会

序　言

我院在长期的办学实践中，不断深化职业教育教学改革，先后与80多家大中型企业开展合作办学，探索出了“订单”培养、“秋去春回、工学交替”等人才培养模式，毕业生深受用人单位的欢迎，实现了学校、企业、学生等“多赢”。在校企合作中，我们深刻体会到，要真正实现“技能训练与岗位要求对接、培养目标与用人标准对接”，就必须有一套适合“订单”教学的工学结合的教材，于是就有了与企业技术骨干一起编写教材之愿望，随后几年，各种讲义便呼之欲出。

教育部《关于全面提高高等职业教育教学质量的若干意见》中指出：“高等职业院校要积极与行业企业合作开发课程，根据技术领域和职业岗位（群）的任职要求，参照相关的职业资格标准，改革课程体系和教学内容。”“与行业企业共同开发紧密结合生产实际的实训教材，并确保优质教材进课堂。”2007年，我院被正式列为第二批国家示范性高等职业院校建设单位，开发“工学结合特色教材”作为国家示范重要建设项目，被郑重的写入了建设任务书。

三年来，各教材主要撰写人带领教学团队成员，深入“订单”企业调研，广泛听取企业、学生、职教专家等多方人士意见，并结合国外先进的职教经验，遵循基于工作过程导向的课程开发理念，夙兴夜寐，多易其稿，进一步丰富了原讲义的内容，并付诸教学实践。正是有了各专业教学团队的辛勤耕耘，这套工学结合的系列教材才得以顺利付梓。在这里，我要道三声感谢：感谢国家示范建设项目的实施给我们提供了千载难逢的参与机会，感谢各位领导、省内外职教专家的悉心指导，感谢各位老师、主要撰稿人为之付出的劳动。

诚然，由于我们课程开发的理论功底不深，深入实践的时间有限，教材中错误也在所难免。正如著名职教专家姜大源在国家示范性高等职业院校建设课程开发案例汇编《工作过程导向的高职课程开发探索与实践》序言中所说：“这只是一部习作。习者，蹒跚学步也”。它“虽显稚嫩，却是新起点”。诚恳希望各位同行、专家批评指正。

工学结合是职业教育永恒的主题。即将颁布和实施的《国家中长期教育改革和发展规划纲要(2010～2020)》对大力发展职业教育做出了许多重大举措，特别提出了制定校企合作法规，调动企业参与职业教育的积极性。可以说，职业教育将迎来又一个新的春天。欣逢盛世，责任重大。我们将一如既往地加强与企业的合作，积极探索多种形式的职业教育模式，开发适应企业和市场需求的专业教材，努力培养更多的高技能人才，为实现我国从人力资源大国到人力资源强国的转变作出应有的贡献。

路漫漫其修远兮，吾将上下而求索。

是为序。

王章华

2010年3月于岳麓山下

(王章华为湖南交通职业技术学院院长、教授，中南大学硕士生导师)

前　　言

道路工程施工阶段的施工测量放样工作是施工单位进度、质量控制的一个重要组成部分，从工程开工准备到竣工验收，施工测量始终贯穿于整个工程的全过程。因此，测量放样质量将关系到整个工程建设的好坏，测量放样的精度不仅影响工程结构物的外形尺寸，同时又是影响施工成本的重要因素。

现行道路桥梁工程专业的测量技术教材中，对施工测量技术只注重于测量理论知识和测量方法的介绍，很难针对某一特定的道路施工项目或任务进行测量方法的全过程介绍，而对即将走向新的工作岗位从事测量工作的大中专学生来说，由于缺乏施工经验，面对测量放样工作会感觉到无从下手，因此，编写这本教材对他们从事测量工作有指导作用。另外，随着高职教育采用新的教育理念，必须以培养学生的职业能力为目标，以学生从事岗位工作过程为导向进行课程体系的开发，编写这本教材也符合目前高职教学的基本要求。本书针对“工程项目不同，测量方法千差万变”的特点，对目前工程中常见的施工测量方法进行重点介绍，对结构复杂的工程，如弯桥放样、隧道施工控制及施工放样等，只作简单介绍。

为配合路桥、养护、监理专业《道路工程测量》的教学，使学生了解公路工程施工过程中测量方法，加深学生对测量基础理论的理解，培养学生的实践技能，适应高技能型人才培养的需求，我们收集选择有代表性的施工测量案例介绍，编写了《道路工程施工测量案例》。

本书项目一、项目四、项目五第一节、项目八第一节由湖南交通职业技术学院唐杰军编写；项目二由湖南交通职业技术学院孙晓亚编写；项目三由湖南交通职业技术学院汤邦彦编写；项目五第二节、项目六由湖南交通职业技术学院赵欣编写；项目七由湖南交通职业技术学院杨一希编写；项目八第二节、第三节湖南交通职业技术学院王中伟编写。全书由唐杰军统稿，由湖南省路桥建设集团桥梁公司左宜军审校。

由于编者水平所限，同时在公路工程施工测量中，具体情况复杂多变，书中所介绍的施工测量放样方法不一定能解决所有的问题，仅供学生和技术员进行参考，疏漏和不足之处在所难免，恳请读者批评指正，同时，真诚希望同行专家、学者提出宝贵意见和建议。

编　者

2010 年 6 月

目　　录

项目一　高速公路原始导线点和水准点恢复测量 …… 1
第一节　原始导线点测量步骤与技术要求 …… 1
第二节　高速公路恢复测量工程案例 …… 6
学生实训　恢复测量 …… 18
项目二　高速公路中线施工放样 …… 21
第一节　道路放样的方法与要求 …… 21
第二节　道路中线坐标计算原理 …… 25
第三节　路基中桩施工放样案例 …… 28
第四节　路基边桩施工放样案例 …… 33
学生实训　路基施工放样 …… 42
项目三　排水工程施工放样 …… 44
第一节　涵洞基础定位与轴线测量 …… 44
第二节　涵洞基础定位坐标计算 …… 45
第三节　管涵结构物施工放样案例 …… 48
第四节　通道结构物施工放样案例 …… 53
学生实训　盖板涵工程施工放样 …… 55
项目四　防护工程施工放样 …… 57
第一节　防护工程放样步骤 …… 57
第二节　路基防护工程施工放样案例 …… 57
第三节　路基防护工程测量放样 …… 65
学生实训　防护工程施工放样 …… 67
项目五　路面工程施工放样 …… 68
第一节　路面施工放样前工作 …… 68
第二节　路面各结构层施工放样案例 …… 68
学生实训　路面施工放样 …… 72
项目六　大中桥施工放样 …… 74
第一节　大中桥控制测量内容 …… 74
第二节　大中桥基础施工放样 …… 76
第三节　中型弯桥施工放样案例 …… 77
学生实训　空心板小桥坐标计算 …… 84
项目七　隧道工程施工放样 …… 85
第一节　隧道工程测量内容 …… 85

第二节　隧道洞口、洞身测量计算……………………………………………………………… 89
第三节　隧道洞口、洞身施工测量案例……………………………………………………… 97
学生实训　隧道施工放样图识读 …………………………………………………………… 108
项目八　交叉口施工放样…………………………………………………………………… 111
第一节　平面交叉口施工放样案例…………………………………………………………… 111
第二节　立体交叉口施工放样理论计算……………………………………………………… 119
第三节　立交匝道中线坐标计算工程案例…………………………………………………… 125
学生实训　平面交叉口计算 ………………………………………………………………… 134
参考文献…………………………………………………………………………………… 137

项目一　高速公路原始导线点和水准点恢复测量

第一节　原始导线点测量步骤与技术要求

高速公路的修建是从施工单位进场施工放样开始的，而施工放样前必须对原始导线、水准点进行恢复测量。在进行导线、水准路线的恢复测量前，先应完成原始资料的交接。

高速公路修建前，必须由公路设计部门向业主单位、监理单位和施工单位提供导线、水准点成果资料，这些资料的具体交接工作流程如下。

施工单位进场后，由业主会同监理单位、设计单位、施工单位、当地建设指挥部，共同对路线的各种控制点桩进行交桩。按照监理程序，先移交给监理单位的测量工程师，监理单位的测量工程师随即对各种控制点桩进行测量；准确无误后，再将各控制点桩移交给施工单位的测量工程师进行复测。

施工单位的测量工程师在复测过程中所使用的全站仪、经纬仪、测距仪、水准仪等仪器，必须交由有资质部门进行标定。只有经过标定合格的全站仪、经纬仪、测距仪、水准仪等测量仪器才能进行复测，否则监理单位有权利和义务对施工单位的测量仪器测得的数据不予接受。

施工单位的测量工程师在进行复测时，必须根据《公路勘测规范》（JTG C10—2007）、《公路勘测细则》（JTG/T C10—2007）要求进行复核，并与其他相连的施工路段进行联测。联测的结果必须满足规范规定的精度要求。

一、导线控制点的恢复测量

1. 平面控制测量等级选用要求

施工单位的测量工程师在进行导线测量时，必须弄清楚高速公路平面控制测量的相关技术标准和技术要求。下面根据交通部颁发的行业标准《公路勘测规范》（JTG C10—2007）对平面控制测量等级选用、导线测量的主要技术要求、水平角观测时的技术要求、光电测距仪选用、光电测距的技术要求等作简要介绍。

平面控制测量等级主要根据高速公路的项目和内容的大小进行选择，具体如表 1-1 所示。

平面控制测量等级选用　　　　表 1-1

高架桥、路线控制测量	多跨桥梁总长 L（m）	单跨桥梁 L_K（m）	隧道贯通长度 L_C（m）	测量等级
—	$L \geqslant 3\,000$	$L_K \geqslant 500$	$L_G \geqslant 6\,000$	二等
—	$2\,000 \leqslant L < 3\,000$	$300 \leqslant L_K < 500$	$3\,000 \leqslant L_G < 6\,000$	三等
高架桥	$1\,000 \leqslant L < 2\,000$	$150 \leqslant L_K < 300$	$1\,000 \leqslant L_G < 3\,000$	四等
高速、一级公路	$L < 1\,000$	$L_K < 150$	$L_G < 1\,000$	一级
二、三、四级公路	—	—	—	二级

2. 平面导线控制测量技术要求

（1）平面控制点相邻点间距平均边长应参照表 1-2 执行，四等及以上平面控制网中相邻点之间的距离不得小于500m，一、二级平面控制网中相邻点之间的距离在平原、微丘区不得小于200m，重丘、山岭区不得小于100m，最大距离不应大于平均边长的2倍。

平面控制点相邻点间距平均边长 表1-2

测量等级	平均边长(km)	测量等级	平均边长(km)
二等	3.0	一级	0.5
三等	2.0	二级	0.3
四等	1.0		

(2)路线平面控制点距路线应大于50m，宜小于300m，每一点至少应该有一相邻点通视。特大型构造物每一端应埋设两个以上平面控制点。

(3)在进行导线外业控制测量时，应严格按照导线控制测量技术要求，如表1-3所示。

导线测量的主要技术要求 表1-3

测量等级	附(闭)合导线长度(km)	边数	每边测距中误差(mm)	单位权中误差(″)	导线全长相对闭合差	方位角闭合差(″)
三等	≤18	≤9	≤ ±14	≤ ±1.8	≤1/52 000	$\leq 3.6\sqrt{n}$
四等	≤12	≤12	≤ ±10	≤ ±2.5	≤1/35 000	$\leq 5\sqrt{n}$
一级	≤6	≤12	≤ ±14	≤ ±5.0	≤1/17 000	$\leq 10\sqrt{n}$
二级	≤3.6	≤12	≤ ±11	≤ ±8.0	≤1/11 000	$\leq 16\sqrt{n}$

注：1. 表中 n 为测站数。

2. 以测角中误差为单位权中误差。

3. 导线网节点间的长度不得大于表中长度的0.7倍。

3. 导线水平角观测的主要技术要求

导线平面控制网的外业勘测时，主要内容包括导线边长和导线转折角的测量。在进行导线点的转折水平角观测时，应严格按照水平角观测的技术要求，如表1-4所示。

水平角观测的技术要求 表1-4

测量等级	经纬仪型号	光学测微器两次重合读数差(″)	半测回归零差(″)	同一测回中2C较差(″)	同一方向各测回间较差(″)	测回数
二等	DJ_1	≤1	≤6	≤9	≤6	≥12
三等	DJ_1	≤1	≤6	≤9	≤6	≥6
	DJ_2	≤3	≤8	≤13	≤9	≥10
四等	DJ_1	≤1	≤6	≤9	≤6	≥4
	DJ_2	≤3	≤8	≤13	≤9	≥6
一级	DJ_2	—	≤12	≤18	≤12	≥2
	DJ_6	—	≤24	—	≤24	≥4
二级	DJ_2	—	≤12	≤18	≤12	≥1
	DJ_6	—	≤24	—	≤24	≥3

注：当观测方向的垂直角度超过±3°时，该方向的2C较差可按同一观测时间段内相邻测回进行比较。

4. 导线边距离测量的主要技术要求

导线平面控制网的外业勘测时，除了水平测量外，另一内容就是边长的测量。在选用不同精度等级的光电测距仪时，应根据不同的平面控制测量等级来选定。具体如表 1-5 所示，光电测距的主要技术要求如表 1-6 所示。

光电测距仪的选用 表 1-5

测距仪精度等级	每千米测距中误差 m_D(mm)	适用的平面控制测量等级
Ⅰ级	$m_D \leqslant \pm 5$	所有等级
Ⅱ级	$\pm 5 < m_D \leqslant \pm 10$	三、四等，一、二级
Ⅲ级	$\pm 10 < m_D \leqslant \pm 20$	一、二级

光电测距的主要技术要求 表 1-6

平面控制网等级	观测次数		每边测回数		一测回读数间较差(mm)	单程各测回较差(mm)	往返较差
	往	返	往	返			
二等	≥1	≥1	≥4	≥4	≤5	≤7	$\leqslant\sqrt{2}(a+b \cdot D)$
三等	≥1	≥1	≥3	≥3	≤5	≤7	
四等	≥1	≥1	≥2	≥2	≤7	≤10	
一级	≥1	—	≥2	—	≤7	≤10	
二级	≥1	—	≥1	—	≤12	≤17	

注：1. 测回是指照准目标一次，读数 4 次的过程。
2. 表中 a 为固定误差，b 为比例误差系数，D 为水平距离(km)。

5. 施工单位导线点复测的步骤

(1)首先观测导线点间夹角(统一采用左角或右角)及相邻点间边长，并与设计单位提供的结果相比较；当误差较大时，应先查明导线点是否损坏或仪器操作不当或记录出错等原因。

(2)其次进行导线平差计算，一般以起始两个点及最终两个点为已知边进行方位角闭合计算，检验闭合差及测角中误差是否满足规范要求。若满足要求，数据合格，则进行分配平差处理；若不合格，则应查明原因。

(3)最后根据调整后角度值计算导线坐标闭合差、导线全长，得出导线全长相对闭合差，检验其精度是否达到规范要求。若满足，说明导线测量准确，整理出相应的导线成果表作为公路路线和各种构造物的施工放样控制点的坐标使用。

6. 施工单位导线点复测中应注意的问题

(1)导线点坐标是采用设计单位提供的，还是采用施工单位或监理单位复核后的平差结果？

尽管导线相同，但由于复测时所划分的附合导线长度不一，加上观测时的人为误差及仪器精度差别，即使复测精度很高，复测结果与设计值总是有差距的。由于平差结果其误差在中部累积较大，因此位于导线中部的点其结果往往与设计值差距较大。因此，究竟采用哪套计算成果？一般应取测量精度较高的作为使用成果。

但在实践过程中发现，设计部门一般不提供其导线精度，这就造成了有些路线工程取设计方导线成果，有的根据监理意见取复测后的导线成果。因此，建议设计部门在提供导线成果表的同时，应相应地提供其导线精度。

(2)复测时个别导线点丢失,是将其恢复还是重新布设?

根据实践经验总结,一般是采用重新布点加密的方法进行测量。按照点位布设要求,一次参与导线测量并计算其成果,此法速度快且不影响精度。

(3)一段导线可否分为几条附合导线?

一般来说,设计单位所给的导线成果表是整条路线的平差计算值,而施工单位是分段投标,分段施工,这样测量时可以划分为若干段进行测量。在具体操作时,往往根据监理意见,采用一条或一条以上的附合导线进行测量,但在测量时,各段之间必须进行联测,并满足精度的要求。

(4)路线中桩放样是利用导线点采用极坐标放样,还是利用穿线后符合路线设计参数的特殊桩放样?

目前,绝大多数是采用导线点放样,有的设计文件甚至说明了必须用导线点放样。但事实上,如果一个桥梁仅有中桩坐标放样是不够的,它必须与坐标放样配套的其他形式放样方法结合起来,最后确定位置,这样一来各种放样方法之间可以相互校核。

公路施工测量放样不是单单靠中桩,其路线最终是由一些主要桩连线确定。在中桩放样完毕后,仍须进行穿线,来验证路线技术参数的准确性。所以利用穿线后的特殊桩进行放样,利用率其实高于导线点,例如测量路堤填筑的路基左右土的边界,现场施工测量中,不可能每层都计算出其边界坐标,而利用特殊桩进行放样则较为方便。

根据实践经验,导线点放样结果与路线技术参数总会有些偏差,尤其在直线段上。原因在于导线点的坐标实际是个定值,不会因为测量平差计算结果而发生改变,计算值与实际值存在的偏差,最终反映到所放的中桩上来。因此,放样中应利用穿线复核后的特殊桩放样为主,配合导线点放样,以资校核;当二者偏差不大时,应以穿线中桩放样为准,差别较大时找出原因所在,最后确定具体位置。

(5)标段接头处的中桩放样如何处理?

设计单位交桩时,应在标段接头处指出两相邻点作为两个标段共用点。前一标段将之作为附合导线终边,后一标段则作为导线起边。施工单位应按照指示的附合导线已知始边和终边进行导线测量计算,其已知边上的点不得改正。为保证前后标段的连接,应指出共用的两点,哪个点作为测站点,哪个点作为后视点,并统一方法在交界桩前后一段范围内进行中桩放样,以确保两标段的中线连接。

(6)全站仪的测距精度要求怎样?

全站仪的测距精度是由两部分组成的。在往返较差一栏中,a 为固定误差(mm),b 为比例误差系数(mm/km),也就是说,当一部全站仪的测距精度为 2 + 3ppm 时,测一条边长为 5km 时,该边的中误差为 2mm + 3mm/km × 5km = 17mm,而往返较差应控制在中误差的 2 倍以内,即为 $2\times(a+b\times D)$。在导线测完以后,应严格按闭合、附合或支导线的平差原理进行平差。只有经过平差后的结果才能正确地指导施工。

二、水准点的恢复测量

1.高程控制测量的技术要求

施工单位的测量工程师在进场时,首先必须要确定路线水准点高程控制测量的等级。路线高程控制测量的等级,必须根据交通部颁发的行业标准《公路勘测规范》(JTG C10—2007)的规定进行选择。高程控制测量的等级选用如表 1-7 所示。

高程控制测量的等级选用　　　表 1-7

高架桥、路线控制测量	多跨桥梁总长 L(m)	单跨桥梁 L_K(m)	隧道贯通长度 L_C(m)	测量等级
—	$L \geqslant 3\,000$	$L_K \geqslant 500$	$L_G \geqslant 6\,000$	二等
—	$1\,000 \leqslant L < 3\,000$	$150 \leqslant L_K < 500$	$3\,000 \leqslant L_G < 6\,000$	三等
高架桥，高速、一级公路	$L < 1\,000$	$L_K < 150$	$L_G < 3\,000$	四等
二、三、四级公路	—	—	—	五等

不同等级高程控制测量，具有不同的技术要求，具体内容如表 1-8 所示。

高程控制测量的技术要求　　　表 1-8

测量等级	每千米高差中数中误差(mm)		附合或环线水准路线长度(km)	
	偶然中误差 M_Δ	全中误差 M_W	路线、隧道	桥梁
二等	±1	±2	600	100
三等	±3	±6	60	10
四等	±5	±10	25	4
五等	±8	±16	10	1.6

注：控制网节点间的长度不应大于表中长度的 0.7 倍。

2. 水准测量主要技术要求

导线点或三角点是平面上的控制点，而水准点是高程的控制点，因此，水准点也需要进行恢复测量和加密。不同等级的公路，其水准测量等级要求各不相同。不同等级公路水准路线测量的技术规范的具体要求如表 1-9 所示。

水准测量的主要技术要求　　　表 1-9

测量等级	往返较差、附合或环线闭合差(mm)		检测已测测段高差之差(mm)
	平原、微丘	重丘、山岭	
二等	$\leqslant 4\sqrt{l}$	$\leqslant 4\sqrt{l}$	$\leqslant 6\sqrt{L_i}$
三等	$\leqslant 12\sqrt{l}$	$\leqslant 3.5\sqrt{n}$或$\leqslant 15\sqrt{l}$	$\leqslant 20\sqrt{L_i}$
四等	$\leqslant 20\sqrt{l}$	$\leqslant 6.0\sqrt{n}$或$\leqslant 25\sqrt{l}$	$\leqslant 30\sqrt{L_i}$
五等	$\leqslant 30\sqrt{l}$	$\leqslant 45\sqrt{l}$	$\leqslant 40\sqrt{L_i}$

注：计算往返较差时，l 为水准点间的路线长度(km)；计算附合或环线闭合差时，l 为附合或环线的路线长度(km)；n 为测站数；L_i 为检测测段长度(km)，小于 1km 时按 1km 计算。

3. 水准测量主要观测方法

水准测量时针对不同的高程控制测量的等级选用不同的观测方法。根据交通部行业规范的要求，具体规定如表 1-10 所示。

水准测量的观测方法　　　表 1-10

测量等级	观测方法		观测顺序
二等	光学测微法	往返	后—前—前—后
	中丝读数法		
三等	光学测微法		
	中丝读数法		
四等	中丝读数法	往	后—后—前—前
五等	中丝读数法	往	后—前

水准路线测量时，所采用仪器、水准尺、路线长度、每千米高差中误差等具体要求应遵循表1-11的规定。

水准测量观测的主要技术要求

表1-11

测量等级	仪器类型	水准尺类型	视线长（m）	前后视较差（m）	前后累积差（m）	视线离地面最低高度（m）	基辅（黑红）面读数差（mm）	基辅（黑红）面高差较差（mm）
二等	DS_{05}	铟瓦	≤50	≤1	≤3	≥0.3	≤0.4	≤0.6
三等	DS_1	铟瓦	≤100	≤3	≤6	≥0.3	≤1.0	≤1.5
	DS_2	双面	≤75				≤2.0	≤3.0
四等	DS_3	双面	≤100	≤5	≤10	≥0.2	≤3.0	≤5.0
五等	DS_3	单面	≤100	≤10	—	—	—	≤7.0

4. 水准点的恢复测量及加密

在进行水准路线测量时，往往连同水准点的加密工作一起进行，水准点需要多远加密一个点则是根据具体的情况来决定的。为了施工方便，一般是200～300m加密一个水准点，在不影响施工的情况下，在隧道、特大桥、垭口、不良地质地段等处，均应进行水准点的加密。水准点如果可以保存好，不妨多设一些水准点。

无论是导线测量还是水准测量，都必须延伸到两个或一个相邻标段。对相邻施工段来说，只有延伸到相邻标段进行联测，才能保证水准点高程不会出现断高差错。

第二节　高速公路恢复测量工程案例

以湖南省某高速公路联络线为例，其里程桩号为K1+534.617～K9+235.286，全长为7.7km，于1995年上半年由湖南省交通勘察设计院对其按照二级公路的标准进行野外勘测，下半年完成内业设计工作。

1998年开始对该公路进行施工，在施工阶段，将该工程划分为两个合同段施工，分别为第一合同段（K1+534.617～K6+106.882）和第二合同段（K6+106.882～K9+235.286）。该二级公路平面控制测量布设的导线为II级导线。

一、原始导线点和水准点设计资料

该高速公路联络线按照I级导线标准进行现场布设导线和水准点，并按照I级导线测设标准进行现场勘测设计。

1. 原始导线点和水准点

（1）第一、二合同段原始导线点，分别如图1-1和图1-2所示。

（2）原始水准点示意图见图1-3。

2. 原始导线和水准点详细资料

原始导线和水准点的具体资料，详见表1-12和表1-13。

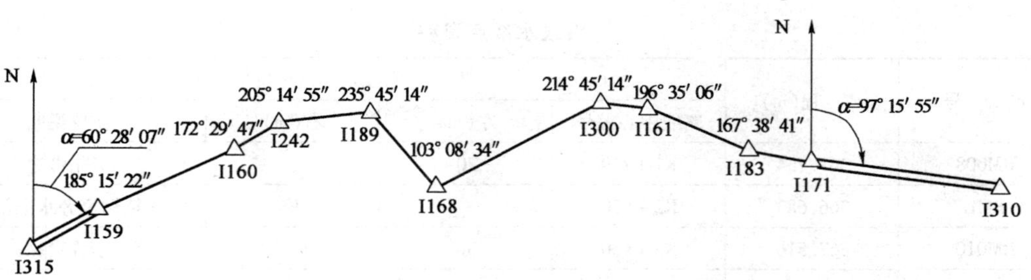

图 1-1　第一合同段原始导线点

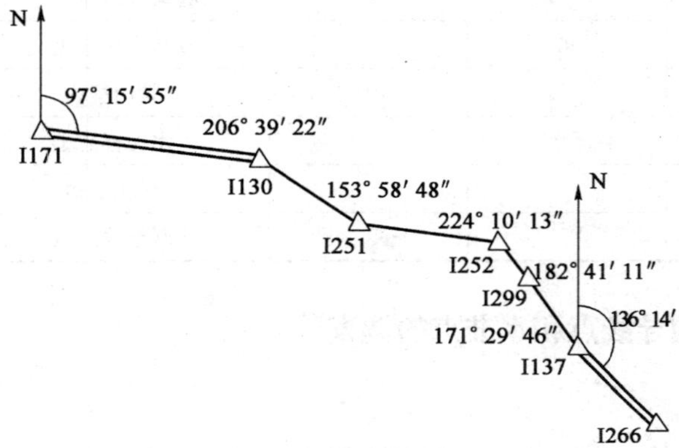

图 1-2　第二合同段原始导线点

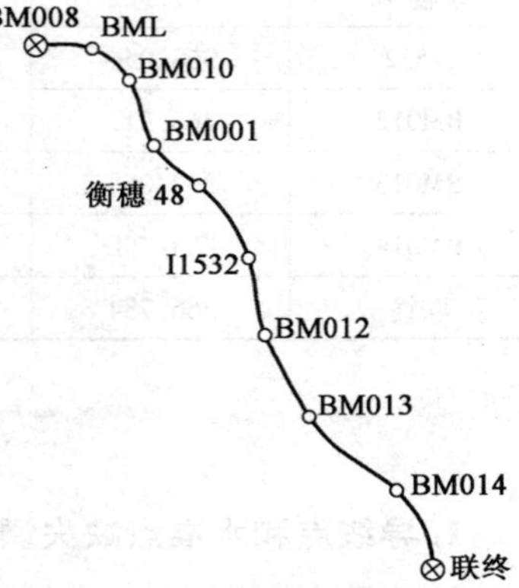

图 1-3　全线路线的原始水准点

导线点资料　　表 1-12

合同段	点号	X(N)(m)	Y(E)(m)	方位角	边长(m)	备　注
第一合同段	I234	2 924 776.677	484 163.287			I 级导线,水泥标志
				97°07′35″	457.030	
	I315	2 924 719.979	484 616.786			I 级导线,水泥标志
				60°28′07″	340.492	
	I159	2 924 887.808	484 913.043			I 级导线,水泥标志
				65°43′23″	695.733	
	I160	2 925 173.857	485 547.251			I 级导线,刻记
				58°20′16″	250.03	
	I242	2 925 305.100	485 760.066			I 级导线,水泥标志
				84°03′47″	422.566	
	I189	2 925 348.808	486 180.365			I 级导线,水泥标志
				138°43′05″	471.873	
	I288	2 924 994.209	486 491.690			I 级导线,水泥标志
				61°51′47″	859.560	
	I300	2 925 399.561	487 249.670			I 级导线,水泥标志
				96°37′06″	227.336	
	I161	2 925 373.359	487 475.491			I 级导线,刻记
				113°11′41″	509.446	
	I183	2 925 172.709	487 943.759			I 级导线,水泥标志
				100°50′29″	297.850	
公共导线边	I171	2 925 116.686	488 236.293			I 级导线,水泥标志
				97°15′55″	858.646	
	I310	2 925 008.109	489 088.046			I 级导线,水泥标志
				123°42′16″	469.914	
第二合同段	I251	2 024 747.349	489 478.972			I 级导线,水泥标志
				96°41′41″	536.310	
	I252	2 924 684.826	490 011.625			I 级导线,水泥标志
				165°37′05″	216.344	
	I299	2 924 475.262	490 065.361			I 级导线,水泥标志
				129°45′36″	337.247	
	I137	2 924 259.568	490 324.613			I 级导线,水泥标志
				136°14′09″	437.558	
	I226	2 923 943.567	490 627.269			I 级导线,水泥标志
				135°59′02″	265.610	
	I223	2 923 752.555	490 811.831			I 级导线,水泥标志
				131°09′00″	1 430.855	
	II－29	2 824 694.108	489 734.415			II 级导线,水泥标志

沿线水准点资料　　表 1-13

点　号	高　程(m)	沿线水准点位置			
		路线中心桩号	左(m)	右(m)	位置说明
BM008	367.734	K1 +710	20		绿化带边
BML	366.683	K2 +670		40	李宽柳家旁水渠闸上
BM010	367.516	K3 +460	30		李佐贵家
BM011	367.966	K4 +680		40	公路桥栏杆上
衡穗 48	367.922	K5 +540		50	国家Ⅱ级水准点
I1532	368.054	K6 +450	50		水泥标志上
BM012	368.217	K7 +620		10	禁山亭内
BM013	367.058	K8 +830			水泥标志上
BM014	366.78	K9 +890			绿化带边
联终	366.784	K10 +940	中		联络线终点

二、施工放样前导线点和水准点的调查

1. 导线点和水准点缺失调查

该公路定于 1998 年 8 月份进场修建。修建时,业主、当地建设指挥部、设计代表、监理单位、施工单位等相关负责人和测量工程师对沿线的导线点桩和水准点进行落实。在现场调查时,发现部分导线点桩和水准点丢失或位置移动,因此,业主要求监理单位和施工单位进一步确定导线点桩和水准点的准确资料。调查导线点资料缺失情况见表 1-14,水准点资料缺失情况见表 1-15。

导线点丢失情况　　表 1-14

点　号	X(N)(m)	Y(E)(m)	丢失情况	备　注
I234	2 924 776.677	484 163.287	丢失	损坏
I315	2 924 719.979	484 616.786	存在	
I159	2 924 887.808	484 913.043	存在	
I160	2 925 173.857	485 547.251	存在	
I242	2 925 305.100	485 760.066	丢失	损坏
I189	2 925 348.808	486 180.365	存在	
I288	2 924 994.209	486 491.69	存在	
I300	2 925 399.561	487 249.67	偏移	位置移动
I161	2 925 373.359	487 475.491	存在	
I183	2 925 172.709	487 943.759	存在	
I171	2 925 116.686	488 236.293	存在	
I310	2 925 008.109	489 088.046	存在	
I251	2 024 747.349	489 478.972	丢失	损坏
I252	2 924 684.826	490 011.625	丢失	损坏
I299	2 924 475.262	490 065.361	丢失	损坏

续上表

点　　号	X(N)(m)	Y(E)(m)	丢失情况	备　　注
I137	2 924 259.568	490 324.613	存在	
I226	2 923 943.567	490 627.269	存在	
I223	2 923 752.555	490 811.831	丢失	损坏
联终			存在	
II-29	2 824 694.108	489 734.415	存在	

沿线水准点丢失情况　　表 1-15

点　　号	高　程(m)	沿线水准点丢失		
		路线中心桩号	丢失情况	备　　注
BM008	367.734	K1 +710	存在	
BML	366.683	K2 +670	丢失	
BM010	367.516	K3 +460	存在	
BM011	367.966	K4 +680	丢失	损坏
衡穗 48	367.922	K5 +540	存在	
I1532	368.054	K6 +450	存在	
BM012	368.217	K7 +620	丢失	损坏
BM013	367.058	K8 +830	存在	
BM014	366.78	K9 +890	存在	
联终	366.784	K10 +940	存在	

2. 导线点恢复测量的计算

针对现场调查发现，该原始导线点和水准点在经历一段时间之后，均出现有丢失和损坏的情况。施工单位可以在丢失点附近，按照导线点和水准点布设的要求，重新布设导线点和水准点，并标注相应的编号后，就可以进行恢复测量。

导线点和水准点的恢复测量，即按照该等级导线和水准路线要求的测量仪器和精度，进行角度、距离、高差的测量。具体外业测量方法此处从略。

下面介绍该公路的导线和水准测量内业计算工作。

1)第一合同段附合导线计算

导线点示意图如图 1-4 所示。

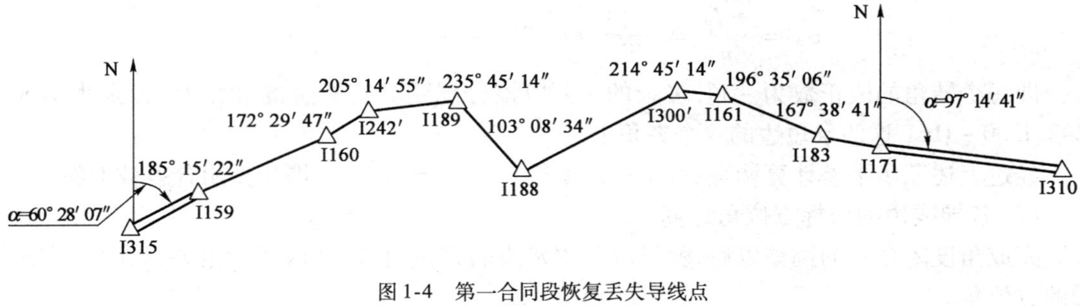

图 1-4　第一合同段恢复丢失导线点

(1)角度闭合差的调整

第一合同段附合导线首尾各有一条导线边,附合导线的始边资料和终边资料可以采用原设计单位给定的导线点坐标资料。若有相邻的施工单位,则始边资料和终边资料必须采用相邻施工单位的导线资料,以便进行联测。

已知附合导线的始边资料和终边资料坐标,如图 1-1 中的 I315 - I159 边和 I171 - I310 边,这两条边分别称为附合导线的始边和终边(始边和终边的方位角分别为:60°28′07″、97°14′41″)。在外业工作中,可以用经纬仪或全站仪测得各个导线点的转角值(在测量时或测左角或测右角,图 1-1 为左角),由此从始边 I315 - I59 开始,可以利用式(1-1)来推算终边 I171 - I310 的坐标方位角。

$$\begin{cases}\alpha'_{终} = \alpha_{始} + \sum\beta_{左} - n\times180° \\ \alpha'_{终} = \alpha_{始} - \sum\beta_{右} + n\times180°\end{cases} \tag{1-1}$$

由于测角误差的存在,使得原已知终边的方位角一般不会等于由始边方位角和各个转角推算而得的终边的方位角。因此,需要通过内业平差的手段来消除测角误差,这个过程分为三步完成。

第一步 根据式(1-1),由始边方位角以及测得的各转角数据来计算终边方位角。在本案例中,由始边和各个转角推算终边方位角的计算过程如下:

$$\begin{aligned}\alpha'_{I171\text{-}I310} &= \alpha_{I315-I159} + 185°15'22'' + 172°29'47'' + \cdots + 167°38'41'' + 176°24'14'' - 9\times180° \\ &= 60°28'07'' + 1656°46'47'' - 9\times180° \\ &= 97°14'54''\end{aligned}$$

第二步 计算该附合导线的角度闭合差。由上述算式可以看出,推算出的终边方位角与已知的终边方位角存在一个差值,即附合导线的角度闭合差f_β:

$$f_\beta = \alpha'_{I171\text{-}I310} - \alpha_{I171\text{-}I310} = 97°14'54'' - 97°14'41'' = 13''$$

然后判断测量角度闭合差是否在误差容许范围内,若满足精度要求,则可以进行下一步的近似平差计算,否则,需要重新进行外业测角工作,直到角度闭合差满足规范要求。

误差的容许范围计算公式为

$$f_{\beta容} = \pm10\sqrt{n} = \pm10\sqrt{9} = \pm30''(n\text{ 为附合路线的测站数})$$

第三步 计算各个转角的改正值。改正数的计算公式为

$$\left.\begin{aligned}&右角 \quad U_\beta = \frac{f_\beta}{n} \\ &左角 \quad U_\beta = \frac{-f_\beta}{n}\end{aligned}\right\} \tag{1-2}$$

如果不能整除,则将余数分配到具有短边的夹角上,在本案例中,各个转角的改正数为

$$U_\beta = \frac{-f_\beta}{n} = \frac{-13''}{9} \approx -1''(余\ -4'')$$

即每个转角的改正数为 -1″,多余的 -4″应该分配到具有短边的夹角上,分别为 I160 - I242,I300 - I161 这两条短边的 4 个夹角上。

经过上述三步平差计算调整后,就可以使得 $\alpha'_{I171\text{-}I310} = \alpha_{I171\text{-}I310}$,即角度闭合差被消除。

(2)各导线边的坐标方位角计算

完成角度闭合差的调整以后,就可以利用始边的方位角,以及改正后的各转角值,求出各边的方位角。

各边的方位角的计算公式如下：

$$\begin{cases}\alpha_n = \alpha_{始} + \sum\beta_{左} - n\times180° \\ \alpha_n = \alpha_{始} - \sum\beta_{右} + n\times180°\end{cases} \tag{1-3}$$

本案例中，I159 – I160 边的方位角计算式如下：

$$\alpha_{I159-I160} = 60°28'07'' + 185°15'21'' - 1\times180° = 65°43'28''$$

I160 – I242′边的计算式则为

$$\alpha_{I160-I242'} = 60°28'07'' + 185°15'21'' + 172°29'45'' - 2\times180° = 58°13'13''$$

其余各边的方位角计算依此类推，其计算结果列于表 1-16 中。

(3)坐标增量闭合差的计算

在附合导线的首尾各有一个已知坐标值的导线点，如图 1-1 中的 I159、I171 点，称为始点和终点。附合导线的纵、横坐标增量值代数和，在理论上应该等于终点和始点的纵、横坐标差值，即

$$\left.\begin{aligned}\sum\Delta X_{ij理} &= X_{终} - X_{始} \\ \sum\Delta Y_{ij理} &= Y_{终} - Y_{始}\end{aligned}\right\} \tag{1-4}$$

由于量边和测角有误差，使得根据观测值推算出来的纵、横坐标增量值代数和$\sum\Delta X_{ij测}$和$\sum\Delta Y_{ij测}$，与上述的理论值通常不相等，两者之差即为纵、横坐标增量闭合差。

$$\left.\begin{aligned}f_X &= \sum\Delta X_{ij测} - (X_{终} - X_{始}) \\ f_Y &= \sum\Delta Y_{ij测} - (Y_{终} - Y_{始})\end{aligned}\right\} \tag{1-5}$$

公式(1-5)中的$\Delta X_{ij测}$和$\Delta Y_{ij测}$的计算公式如下：

$$\left.\begin{aligned}\Delta X_{ij测} &= D_{ij}\cos\alpha_{ij} \\ \Delta Y_{ij测} &= D_{ij}\sin\alpha_{ij}\end{aligned}\right\} \tag{1-6}$$

式中：D_{ij}——相邻两导线点的边长；

α_{ij}——这条边的方位角。

本例中，边 I159 – I160 的纵、横坐标增量计算如下：

$$\left.\begin{aligned}\Delta X &= 695.732\times\cos65°43'28'' = 286.036(\text{m}) \\ \Delta Y &= 695.732\times\sin65°43'28'' = 634.213(\text{m})\end{aligned}\right\}$$

其余各边的纵、横坐标增量的计算结果列于表 1-16 中。

第一合同段导线的纵、横坐标增量闭合差为

$$\left.\begin{aligned}f_X &= \sum\Delta X_{ij测} - (X_{I171} - X_{I159}) = 228.956 - 228.878 = 0.078(\text{m}) \\ f_Y &= \sum\Delta Y_{ij测} - (Y_{I171} - Y_{I159}) = 3\,323.202 - 3\,323.250 = -0.048(\text{m})\end{aligned}\right\}$$

导线全长闭合差为

$$f = \pm\sqrt{f_x^2 + f_y^2} = \pm0.092(\text{m})$$

导线全长相对闭合差为

$$K = \frac{|f|}{\sum D} = \frac{0.092}{3\,733.479} = \frac{1}{40\,581} < \frac{1}{17\,000}(\text{I 级导线 } K_{容})$$

满足规范的要求，可以进行下一步的平差工作。

表 1-16

第一合同段导线点计算表

点号	左角观测值	角度改正值	改正后角度值	坐标方位角	各导线边长(m)	纵坐标增量(ΔX) 计算值(m)	纵坐标增量(ΔX) 改正数(m)	纵坐标增量(ΔX) 改正后值(m)	横坐标增量(ΔY) 计算值(m)	横坐标增量(ΔY) 改正数(m)	横坐标增量(ΔY) 改正后值(m)	纵坐标 X (m)	横坐标 Y (m)
I315													
				60°28′07″									
I159	185°15′22″	-1″	185°15′21″									2 924 887.808	484 913.043
				65°43′28″	695.732	286.036	-0.015	286.021	634.213	0.008	634.221		
I160	172°29′47″	-2″	172°29′45″									2 925 173.829	485 547.264
				58°13′13″	238.702	125.715	-0.005	125.710	202.915	0.003	202.918		
I242′	205°14′55″	-2″	205°14′53″									2 925 299.539	485 750.182
				83°28′06″	432.988	49.253	-0.009	49.244	430.178	0.006	430.184		
I189	235°14′52″	-1″	235°14′51″									2 925 348.783	486 180.366
				138°42′57″	471.881	-354.593	-0.010	-354.603	311.344	0.006	311.350		
I288	103°08′36″	-1″	103°08′35″									2 924 994.180	486 491.716
				61°51′32″	859.554	405.408	-0.018	405.390	757.943	0.011	757.954		
I300′	214°45′14″	-2″	214°45′12″									2 925 399.570	487 249.670
				96°36′44″	227.318	-26.174	-0.005	-26.179	225.806	0.003	225.809		
I161	196°35′06″	-2″	196°35′04″									2 925 373.391	487 475.479
				113°11′48″	509.448	-200.666	-0.010	-200.676	468.263	0.007	468.270		
I183	167°38′41″	-1″	167°38′40″									2 925 172.715	487 943.749
				100°50′28″	297.856	-56.023	-0.006	-56.029	292.540	0.004	292.544		
I171	176°24′14″	-1″	176°24′13″									2 925 116.686	488 236.293
				97°14′41″									
I310													
Σ	1 656°46′47″	-13″	1 656°46′34″		3 733.479	228.956	-0.078	228.878	3 323.202	0.048	3 323.250		

各导线点的纵、横坐标的改正值的计算公式为

$$\left.\begin{aligned} U_{\Delta Xi} &= -\frac{D_i f_X}{\sum D} \\ U_{\Delta Yi} &= -\frac{D_i f_Y}{\sum D} \end{aligned}\right\} \tag{1-7}$$

本例中，边 I159 – I160 的纵、横坐标增量改正值为

$$\left.\begin{aligned} U_{\Delta X} &= -\frac{Df_X}{\sum D} = -\frac{695.732 \times 0.078}{3\,733.479} = -0.015(\mathrm{m}) \\ U_{\Delta Y} &= -\frac{Df_Y}{\sum D} = -\frac{695.732 \times (-0.048)}{3\,733.479} = 0.008(\mathrm{m}) \end{aligned}\right\}$$

其余边的纵、横坐标增量改正值的计算结果，列于表 1-16 中。

(4)计算改正后的各导线点的纵横坐标

通过上述三个步骤修正测角、量边误差以后，就可以根据已有始点坐标值和改正后的坐标增量，计算各导线点的精确坐标。各导线点坐标值的计算公式如下：

$$\left.\begin{aligned} X_{i+1} &= X_i + \Delta X_{(i,i+1)} \\ Y_{i+1} &= Y_i + \Delta Y_{(i,i+1)} \end{aligned}\right\} \tag{1-8}$$

利用公式(1-8)，导线点 I159 的坐标值为

$$\left.\begin{aligned} X_{I159} &= X_{I315} + \Delta X_{(I315I159)} = 2\,924\,887.808 + 286.021 = 2\,925\,173.829(\mathrm{m}) \\ Y_{I159} &= Y_{I315} + \Delta Y_{(I315I159)} = 484\,913.043 + 634.221 = 485\,547.264(\mathrm{m}) \end{aligned}\right\}$$

2)第二合同段附合导线计算

(1)第二合同段导线点示意如图 1-5 所示。

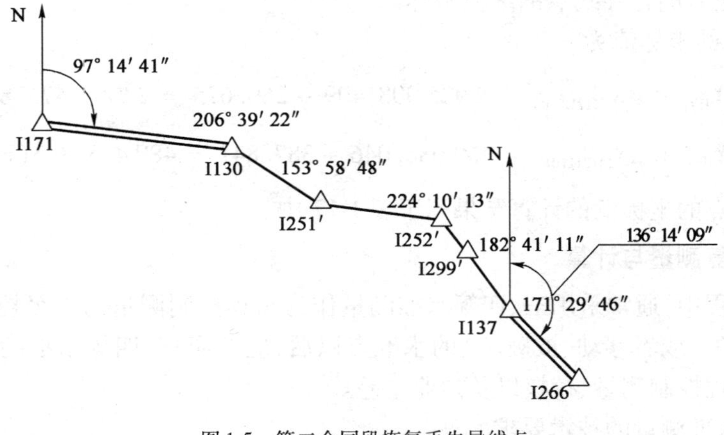

图 1-5　第二合同段恢复丢失导线点

(2)角度闭合差的调整

①推算终边方位角：

$$\alpha'_{I137-I266} = \alpha_{I171-I310} + 206°39'22'' + 153°58'48'' + 224°10'13'' + 182°41'11'' + 171°29'46'' - 5 \times 180° = 97°14'41'' + 938°59'20'' - 5 \times 180° = 136°14'01''$$

②计算角度闭合差：

$$f_\beta = \alpha'_{\mathrm{I137-I266}} - \alpha_{\mathrm{I137-I266}} = 136°14'01'' - 136°14'09'' = -8''$$

$$f_\beta < f_{\beta容} = \pm 10\sqrt{n}'' = \pm 10\sqrt{5}'' = \pm 22''$$

③计算各转角的改正值：

$$U_\beta = \frac{-f_\beta}{n} = \frac{8''}{5} \approx 1''(余3'')$$

(3)各导线边的坐标方位角计算

$$\alpha_{\mathrm{I310-I251'}} = 97°14'41'' + 206°39'23'' - 1 \times 180° = 123°54'04''$$

$$\alpha_{\mathrm{I310-I251'}} = 97°14'41'' + 206°39'23'' + 153°58'49'' - 2 \times 180° = 123°54'04''$$

其余各边方位角的计算结果列于表1-16中。

(4)坐标增量闭合差的计算

第二合同段导线的纵、横坐标增量闭合差为

$$\left.\begin{aligned} f_X &= \sum \Delta X_{ij测} - (X_{\mathrm{I317}} - X_{\mathrm{I310}}) = -748.843 - (-748.841) = -0.002(\mathrm{m}) \\ f_Y &= \sum \Delta Y_{ij测} - (Y_{\mathrm{I317}} - Y_{\mathrm{I310}}) = 1\,236.517 - 1\,236.567 = -0.050(\mathrm{m}) \end{aligned}\right\}$$

导线全长闭合差为

$$f = \sqrt{f_X^2 + f_Y^2} = 0.050(\mathrm{m})$$

导线全长相对闭合差为

$$K = \frac{f}{\sum D} = \frac{0.050}{2\,826.694} = \frac{1}{56\,533} < \frac{1}{15\,000}\ (一级导线\ K_{容})$$

满足规范的要求，可以进行下一步的平差工作。

(5)计算改正后的各导线点的纵横坐标

导线点I310的坐标值为

$$\left.\begin{aligned} X_{\mathrm{I310}} &= X_{\mathrm{I171}} + \Delta X_{(\mathrm{I171I310})} = 2\,925\,008.409 - 260.625 = 2\,924\,747.784(\mathrm{m}) \\ Y_{\mathrm{I310}} &= Y_{\mathrm{I171}} + \Delta Y_{(\mathrm{I171I310})} = 489\,088.046 + 387.847 = 489\,475.893(\mathrm{m}) \end{aligned}\right\}$$

其余各导线点的坐标值的计算结果列于表1-17中。

3.水准点恢复测量与计算

公路施工过程中，通常采用三、四等水准测量作为高程控制测量的首级控制手段。因此，在现场恢复了丢失（或者移动、被破坏）的水准点以后，应按照三、四等水准的技术标准，对这些水准点进行高程控制测量、校核以及内业平差。

1)三、四等水准测量的技术要求

三、四等水准测量起算点的高程一般引自国家一、二级水准点，若测区附近没有国家水准点，也可建立独立水准网，这样起算点的高程应采用假设高程。

在为公路工程建设项目布设三、四等水准网时，一般沿公路坡度较小、便于实测的路线布设水准点。点位应选在地基稳固，能长久保存标志和便于观测的地方。水准点的间距一般为1~1.5 km。其精度要求列于表1-18中。

第二合同段导线点计算表

表 1-17

点号	左角 观测值	角度 改正值	改正后 角度值	坐标 方位角	各导线 边长(m)	纵坐标增量(ΔX) 计算值 (m)	纵坐标增量(ΔX) 改正数 (m)	纵坐标增量(ΔX) 改正后值 (m)	横坐标增量(ΔY) 计算值 (m)	横坐标增量(ΔY) 改正数 (m)	横坐标增量(ΔY) 改正后值 (m)	纵坐标 X (m)	横坐标 Y (m)
I171													
				97°14′41″									
I310	206°39′22″	1″	206°39′23″									2 925 008.409	489 088.046
				123°54′04″	467.268	−260.626	0.001	−260.625	387.832	0.015	387.847		
I251′	153°58′48″	1″	153°58′49″									2 924 747.784	489 475.893
				97°52′53″	551.748	−75.663	0.001	−75.662	546.535	0.018	546.553		
I252′	224°10′13″	2″	224°10′15″									2 924 672.122	490 022.446
				142°03′08″	182.350	−143.796	0.000	−143.796	112.134	0.006	112.140		
I299′	182°41′11″	2″	182°41′13″									2 924 528.326	490 134.586
				144°44′21″	329.146	−268.758	0.000	−268.758	190.016	0.011	190.027		
I317	171°29′46″	2″	171°29′48″									2 924 259.568	490 324.613
				136°14′09″									
I266													
Σ	938°59′20″	8″	938°59′28″		2 826.694	−748.843	0.002	−748.841	1 236.517	0.05	1 236.567		

三、四、五等水准测量精度要求　　表 1-18

等级	每千米高差中数中误差(mm)		往返较差、附合或环线闭合差(mm)		检测已测测段高差之差(mm)
	偶然误差	全中误差	平原微丘区	山岭重丘区	
三等	±3	±6	$\pm12\sqrt{l}$	$\pm3.5\sqrt{n}$或$\pm15\sqrt{l}$	$\pm20\sqrt{L_i}$
四等	±5	±10	$\pm20\sqrt{l}$	$\pm6.0\sqrt{n}$或$\pm25\sqrt{l}$	$\pm30\sqrt{L_i}$
五等	±8	±16	$\pm30\sqrt{l}$	$\pm45\sqrt{l}$	$\pm40\sqrt{L_i}$

注：l 为水准点间的路线长度(km)；L_i 为检测测段长度(km)；n 为测站数。

三、四等水准测量一般采用双面尺法，且应采用一对水准尺，其每一测站的技术要求列于表 1-19。

三、四等水准测量技术要求　　表 1-19

等级	水准仪的型号	视线长度(m)	前后视距较差(m)	前后视距累积差(m)	视线离地面最低高度(m)	红、黑面读数差(mm)	黑、红面高差之差(mm)
三等	DS_1	100	3	6	0.3	1.0	1.5
	DS_3	75				2.0	3.0
四等	DS_3	100	5	10	0.2	3.0	5.0

2)三、四等水准测量成果校核

计算校核只能发现计算上是否有错，而测站校核只能校核每一个测站上是否有错误，不能发现立尺点变动的错误，更不能评定测量成果和精度；由于仪器、人员观测误差会随着测站数的增多而在不断积累，有时也会超过规定的限差，因此要进行高差闭合差的校核。

在水准测量中，由于测量误差的影响，使沿水准路线测得的起终点的高差值与起终点实际高差值不吻合，其二者差值，称为高差闭合差，一般以 f_h 表示。高差闭合差的计算已在《道路工程测量》一书中介绍，在此不再赘述。

3)水准测量成果计算

经校核后水准测量的外业测量数据，如满足精度要求，就可以进行内业成果计算，即调整高差闭合差，也就是将高差闭合差按误差理论合理分配到各测段的高差中去，最后要求出未知点的高程。

公路施工中多敷设附合水准路线，因此下面着重讲述附合水准路线的平差方法。该公路水准点的布设以及丢失情况，如图 1-6 所示。

施工单位在施工开始前，已组织人员按照四等水准测量的技术要求和方法，完成了外业水准测量工作，成果已列于图 1-6 和表 1-20 中。

根据外业水准测量成果表，即可进行内业平差计算工作。即完成表1-20中“高差改正值”和“高程”两列的计算工作。

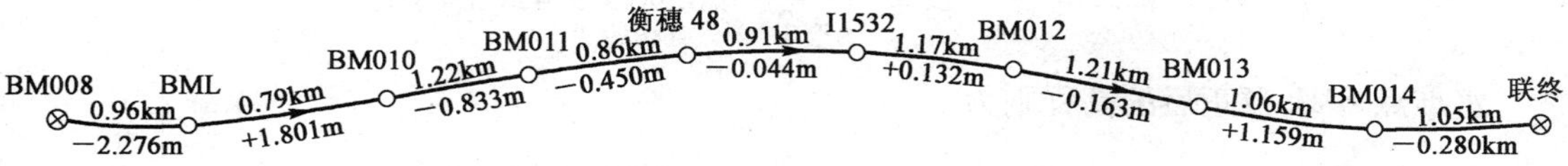

图1-6　公路水准路线布设示意图

四等水准外业测量数据　　表1-20

点　　号	距离（km）	高差观测值（m）	高差改正值（mm）	高程（m）
BM008				367.734
	0.96	−2.276	+0.42	
BML				365.458
	0.79	+1.801	+0.34	
BM010				367.260
	1.22	−0.833	+0.53	
BM011				366.427
	0.86	−0.450	+0.37	
衡穗48				365.978
	0.91	−0.044	+0.39	
I1532				365.934
	1.17	+0.132	+0.51	
BM012				366.067
	1.21	−0.163	+0.52	
BM013				365.904
	1.06	+1.159	+0.46	
BM014				367.064
	1.05	−0.280	+0.46	
联终				366.784
Σ	9.23	−0.954	4	

第一步　进行高差闭合差的计算。在该水准路线的两端各有一个已知高程的国家水准点，这两个点是校核的标准。该水准路线的高差闭合差为

$$f_h = \sum h_{测} - (H_{联终} - H_{BM_{008}}) = -0.954 - (366.784 - 367.734)$$

$$= -0.954 + 0.95 = -4.00(mm)$$

而四等水准的高差容许闭合差为

$$f_{h容} = \pm 12\sqrt{l} = \pm 12\sqrt{9.23} = \pm 36.46(mm)$$

符合精度的要求。

第二步　高差闭合差的调整。可将高差闭合差反号按测段长度（平原微丘区）或者测站数（山岭重丘区）成正比分配。

计算步骤如下：

(1)该水准路线全长9.23km,位于平原微丘区,则第二个水准点BML的高差改正值应为

$$v_2 = -\frac{f_h}{\sum l} \times L_2 = -\frac{-4.0}{9.23} \times 0.96 = 0.42(\text{mm})$$

水准点BML改正后的高程则为

$$H'_{BML} = H_{BML} + v_2 = 367.734(\text{m})$$

(2)第三个水准点BM010的高差改正值应为

$$v_3 = -\frac{f_h}{\sum l} \times L_3 = -\frac{-4.0}{9.23} \times 0.79 = 0.34(\text{mm})$$

水准点BM010改正后的高程则为

$$H'_{BM010} = H_{BM010} + v_3 = 366.684(\text{m})$$

其余各高程点的平差计算,可按照上述步骤计算得到。

学生实训　恢复测量

【实训一】　附合导线平差计算

图1-7所示为某II级附合导线,外业测量得到的数据如表1-21所示。请根据表内数据进行该条附合导线的平面坐标的平差计算(所测角度均为左角)。

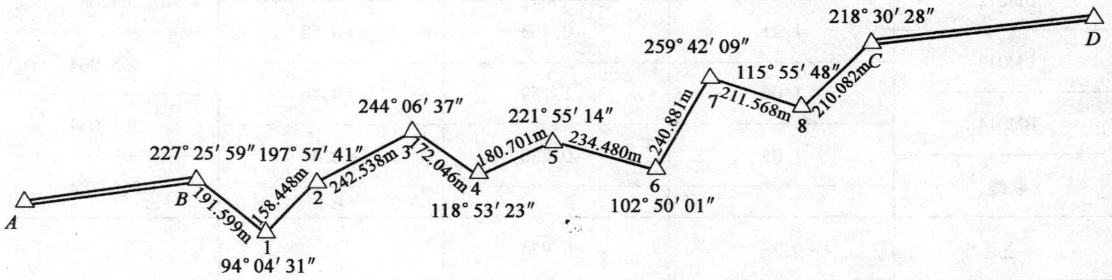

图1-7　路线附合导线示意图

要求:(1)每个学生按照要求使用计算器独立完成计算;

(2)采用老师提供的计算软件进行计算,将两个计算结果进行比较,分析差距有多大。

【实训二】　闭合导线的布设与平差计算

请在校内选择一栋建筑物,在它周围布设4~5个控制点,形成一条4~5边的闭合导线。

已知:A点的平面坐标为(5 000,5 000),高程为100.000m。

要求:(1)测量起始边AB的方位角;

(2)准确测量闭合导线的各内角及其长度;

(3)将得到的数据填入表1-22,并进行该闭合导线的平差计算。

附合导线点近似平差计算表

表 1-21

点号	左角观测值	角度改正值	改正后角度值	坐标方位角	各导线边长(m)	纵坐标增量(ΔX) 计算值(m)	纵坐标增量(ΔX) 改正数(m)	纵坐标增量(ΔX) 改正后值(m)	横坐标增量(ΔY) 计算值(m)	横坐标增量(ΔY) 改正数(m)	横坐标增量(ΔY) 改正后值(m)	纵坐标 X (m)	横坐标 Y (m)
A												3 628.022	6 183.764
B	227 25 59											3 680.016	6 551.719
					191.599								
1	94 04 31												
					158.448								
2	197 57 41												
					242.538								
3	244 06 37												
					172.046								
4	118 53 23												
					180.701								
5	221 55 14												
					234.480								
6	102 59 01												
					240.881								
7	259 42 09												
					211.568								
8	115 55 48												
					210.082								
C	218 30 28											3 991.096	8 016.223
D												4 045.453	8 491.275
Σ													

表 1-22

附合导线点近似平差计算表

点号	左角观测值	角度改正值	改正后角度值	坐标方位角	各导线边长(m)	纵坐标增量(ΔX)			横坐标增量(ΔY)			纵坐标 X (m)	横坐标 Y (m)
						计算值(m)	改正数(m)	改正后值(m)	计算值(m)	改正数(m)	改正后值(m)		
A												5 000	5 000
Σ													

项目二　高速公路中线施工放样

第一节　道路放样的方法与要求

当公路施工前控制测量(导线、水准)完成后,接下来就应该进行恢复公路中线测量工作。加密控制点是为了方便施工测量,恢复中线则是为了公路施工的需要,确定公路中线的平面位置。

放样点的平面位置和高程的确定,是以公路勘测设计阶段所建立的平面控制点的平面位置和高程控制点的高程为依据的,所以在进行上述点的放样前,应首先检校控制点的精度,并建立控制点与放样点之间的几何关系,从而得到放样点的放样数据。

任何建筑物、构造物设计完成之后,都要按照设计图纸及相应的技术说明进行施工。设计图纸中主要点位及其相互关系表示建筑物、构筑物的位置、形状和大小。施工放样的目的,就是把设计图纸上的点位测定到实地并标定出来,作为施工的依据。这些经过施工测量在实地标示出来的点位,称为"放样点"。对于公路工程而言,放样点是指标定路线平面位置的路线中心线上的中心桩、路基中心施工桩、路基边缘施工桩、路堤坡脚填筑位置桩和路堑坡顶开挖位置桩、路面中心桩、路面边缘桩等桩点的平面位置和高程。

公路中桩放样可采用极坐标法、拨角法、支距法、直接定交点法等。放样应一次放出整桩、特殊桩和加桩。整桩主要是指桩号为千米、百米和整数的桩;特殊桩指直圆、直缓、缓圆、圆缓、缓直、圆直、曲中等主要中桩点;加桩则一般在以下情况设置:路线交叉处、桥梁、涵洞等构造物处、拆迁建筑物处。为保证中桩放出后穿线准确性,中桩间距还应满足规定要求。

一般高速公路、一级公路采用极坐标法恢复主要控制桩,如交点、转点及曲线的主点等。对于曲线的主点,转点以及交点等比较重要的点,必须进行点的固定,以免造成不必要的返工。点的固定一般采用交会法或导线法,必须及时、准确地做好记录。

二、三、四级公路,可采用拨角法、支距法或直接定交点法进行放样。

如果施工单位进场的时间充裕,公路中线施工放样工作可以考虑分两步进行。首先进行主点放样,然后进行细部放样。所谓主点放样,就是在线路上不加桩,主要以路线主点为主放样;细部则是在主点的基础上,在复测过的主点之间进行加桩。

如果施工单位的时间不允许,就应该考虑在复测主点的同时进行详细加桩,一般情况下公路中线的加桩长度为20m或25m。在恢复中线时,应注意与结构物中心、相邻标段的中心闭合情况,发现问题及时查明原因;确属设计问题时,应立刻上报现场监理工程师或业主,以便及时调整设计,避免影响正常施工。

一、施工放样测量工作的基本要求

1. 紧密结合施工

为紧密结合施工的需要,测量技术人员应做好下列工作:

(1)熟悉设计图纸,理解有关图纸的设计思路。

(2)检查图纸,核实图纸的有关数据,做好施工测量的数据准备。

(3)了解施工工作计划和安排,协调测量和施工进度的关系,落实施工测量工艺。

2. 熟悉施工现场

(1)核查并检测有关控制点在实地的位置,并和设计资料中的点相对照,确认点位准确可靠。

(2)了解施工现场的地貌形态和地物分布情况。

(3)做好控制点的复测工作。

3. 加强测量标志的管理、保护

加强测量标志的管理、保护,并注意受损测量标志的恢复。测量标志包括控制点标志和放样点标志。

二、施工放样测量的工作原则

施工放样测量,必须遵循测量工作的基本原则,即"等级、整体、控制、检验"四项基本原则。

等级原则是指实施测量时根据公路等级要求,应满足的平面控制测量和高程控制测量精度。等级的规定是施工控制测量技术工作成果质量的标准。若不满足精度要求,就会出现放样点的实地点位有与设计点位有较大出入。

整体原则是指兼顾工程的全局性和技术要求的完整性。施工控制测量作为施工放样测量的工作基础,必须从整体原则出发,尽量实现多用性和有效性。多用性即施工控制测量应满足工程设计及其施工放样测量所确定的要求,尽量避免重复控制测量。有效性即施工控制测量所建立的控制点点位应明显、无损、可靠,便于应用,点位参数准确,符合应用要求。

随着我国基本建设规模不断扩大,要求工程具有高速度、高精度、高质量,做好施工控制测量这一工程前期工作,是高速度、高精度、高质量的重要保证之一。

三、施工放样测量的精度

施工放样测量的精度,取决于公路等级和设计要求以及施工控制测量精度。施工放样测量的精度最终体现在施工点的精度上。测量时,应从工程的设计和施工的精度需要出发,确定与之相匹配的测量技术和相应的精度等级,确定满足精度要求的施工放样测量方案,使实地放样点的精度满足施工的需要。

四、高程放样方法

高程放样和高程测量的不同点是:高程测量是已知后视点高程,通过施测已知后视高程点和前视未知高程点两点之间的高差,来计算未知高程点的高程;施测时,分别在这两点立水准尺,两点之间安置水准仪读取后视读数和前视读数,利用这两个读数来计算这两点高差。而高程放样是已知两点高程,这两点在地面上的平面位置及一个已知高程点的高程面,要确定另一个高程点所在的高程面;施测时,先计算水准仪在放样高程点所立水准尺的读数,利用这个读数来确定水准尺底部所在的高程面,其施测的思路正好是互逆的。进行高程放样时,可利用水准仪或全站仪进行。

1. 利用水准仪进行高程放样

水准仪放样高程适用于放样点所处的地势比较平坦,相对高差不大的情况。

如图 2-1 所示，已知水准点 BM 的高程为 H_{BM}，路基顶面 B 点的设计高程为 H_B，试在木杆上标定高程为 H_B 的位置。

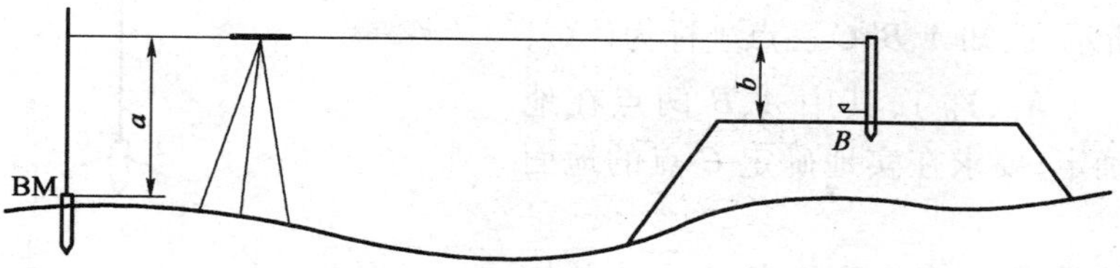

图 2-1　水准仪进行高程放样

安置水准仪于 BM 和 B 两点之间，在 BM 和 B 两点立水准尺，后视 BM 点所立水准尺读数为 a，计算在 B 点所立水准尺底面高程恰为 H_B 时所对应的水准尺读数 b。

$$b = a - (H_B - H_{BM}) \tag{2-1}$$

在 B 点钉设一木杆，让水准尺紧贴木杆，保持水准尺铅垂上下移动，当读数为 b 时，该水准尺底面所对应的位置即为高程为 H_B 的位置。

2. 利用全站仪进行高程放样

利用全站仪进行高程放样适用于相对高差较大的地形。

如图 2-2 所示，已知水准点 BM 的高程为 H_{BM}，B 点的设计高程为 H_B，要求放样 B 点所在的高程面。

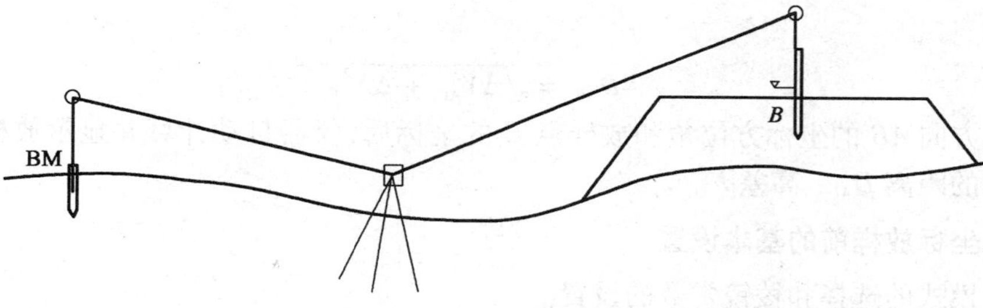

图 2-2　全站仪进行高程放样

由已知条件可知，水准点与放样点 B 之间的高差为

$$\Delta h = H_B - H_{BM} \tag{2-2}$$

第一步　选择地势较高点，并能与水准点和放样点通视的位置安置全站仪，利用《道路工程测量》一书介绍的方法设置仪器高，输入棱镜常数和棱镜高。

第二步　瞄准水准点所立棱镜，按［测距］键，显示屏显示测站点与水准点之间的高差 Δh_1，则仪器中心点高程为

$$H_i = H_{BM} - \Delta h_1 \tag{2-3}$$

第三步　保持棱镜高不变，将棱镜从水准点移到 B 点，瞄准 B 点所立棱镜，高差读数 Δh_2 应为

$$\Delta h_2 = H_B - H_i = H_B - (H_{BM} - \Delta h_1) = \Delta h + \Delta h_1 \tag{2-4}$$

上下移动棱镜，当高差读数为 Δh_2 时，棱镜底端位置即为放样点 B 所在的高程面。

五、全站仪坐标放样方法

由于全站仪的型号不同，其操作方法有一定的区别，下面仅以徕卡 D1610 全站仪为例，说

明坐标放样的方法，对于其他型号的全站仪可参照其说明书进行操作。

1. 坐标放样的基本原理

如图2-3所示，已知A、B、C三点坐标为(X_A，Y_A)、(X_B,Y_B)、(X_C,Y_C)，其中A、B两点在地面上的位置已确定，要求在实地确定C点的地面位置。

设A点为测站点，B点为后视点，C点为放样点。安置全站仪于A点，后视B点。

首先计算AB直线的坐标方位角α_{AB}：

$$\alpha = \arctan\frac{|Y_B - Y_A|}{|X_B - X_A|} \tag{2-5}$$

则 $\Delta Y = Y_B - Y_A, \Delta X = X_B - X_A$

若$\Delta X > 0, \Delta Y > 0$，则$\alpha_{AB} = \alpha$

若$\Delta X > 0, \Delta Y < 0$，则$\alpha_{AB} = 360° - \alpha$

若$\Delta X < 0, \Delta Y < 0$，则$\alpha_{AB} = 180° + \alpha$

若$\Delta X < 0, \Delta Y > 0$，则$\alpha_{AB} = 180° - \alpha$

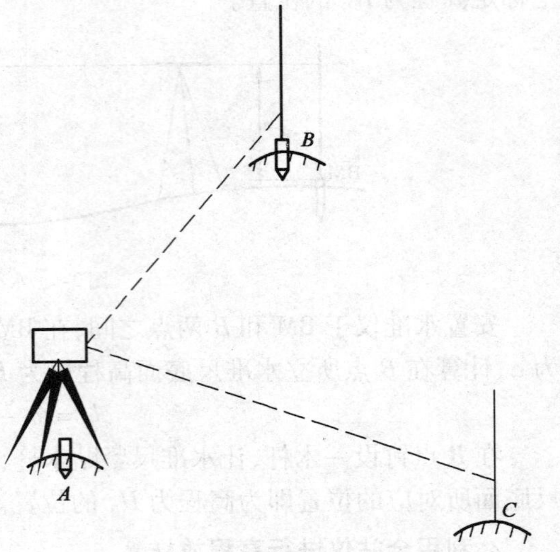

图2-3 坐标放样原理

同理可计算AC直线坐标方位角α_{AC}，则

$$\angle BAC = \alpha_{AC} - \alpha_{AB} \tag{2-6}$$

$$D_{AC} = \sqrt{\Delta Y_{AC}^2 + \Delta X_{AC}^2} \tag{2-7}$$

输入后视方向AB的坐标方位角和放样点C的坐标后，仪器自动计算并显示放样的角度$\angle BAC$和放样的距离D_{AC}、高差h_{AC}。

2. 全站仪坐标放样前的基本设置

(1) 测量模式的选择和棱镜常数的设置。

(2) 仪器高和目标高的输入。

(3) 测站点坐标和高程的输入。

(4) 已知测站点至定向点坐标方位角的设置，或者输入定向点的坐标。

(5) 大气改正数的输入。

3. 坐标放样基本操作步骤

(1)安置仪器于测站点A，进行对中、整平等基本操作。

(2)对仪器进行基本设置，包括棱镜参数、仪器高、棱镜高、角度单位、距离单位、显示格式、测站坐标。

(3)按照全站仪的操作步骤进行坐标的放样工作。

4. 中桩放样时注意事项

根据放样经验，极坐标放样时注意以下三点：

(1)尽量保证放样点至测站距离小于测站至后视导线点的距离，此法可减少放样点的误差。

(2)测站转移前，观测核对相邻控制点的方位角；测站转移后，应对前一站所放桩位检查

1～2个点，以便核对，及时发现错误。

(3)适时采用中桩穿线方法校核。根据已知导线点放出路线中桩后，从理论上讲，中桩应该满足路线走向的各种技术参数，但在一些高速公路的放样过程中，还是发现不符合的情况，因此中桩穿线必不可少。中桩穿线过程主要是检查直线点是否在一条直线上，曲线点是否在一条曲线上。事实上误差在所难免，应详细记录穿线过程的各种数据，认真分析，查找原因。调整时，应以该直线或曲线相距最远的点调整中间点，使线形能够达到最小误差范围。

第二节　道路中线坐标计算原理

目前，在高速公路的中线线形中，道路基本型曲线是道路主线设计中使用最多的形式，即按照直线、缓和曲线、圆曲线、缓和曲线、直线的顺序组合起来的，其中缓和曲线均为完整缓和曲线，称之为一个计算单元。

计算道路的中桩坐标时，首先把一个计算单元分为五个部分(图2-4)：前直线段、第一缓和曲线、圆曲线、第二缓和曲线、后直线段。其中前直线段和后直线段上的点坐标系用统一坐标系，对于曲线上的点，计算之前，分别对每个部分建立独立坐标系，求出点在独立坐标系中的坐标；然后根据坐标转换的公式，求出点在统一坐标系中的坐标。

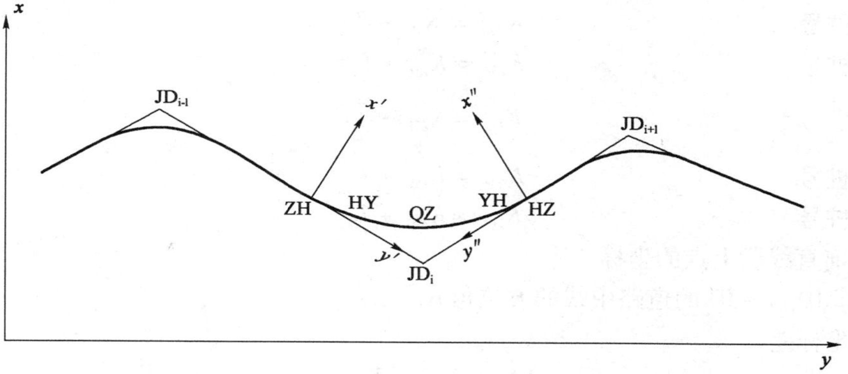

图2-4　ZH点为原点坐标系

具体局部坐标系建立如下：

(1) X'－ZH－Y'坐标系：以ZH点为坐标系原点，以过原点的切线为X'轴，过原点的半径为Y'轴，建立第一个局部坐标系。

(2) X''－HZ－Y''坐标系：以HZ点为坐标系原点，以过原点的切线为X''轴，过原点的半径为Y''轴，建立第二个局部坐标系。

道路中线坐标计算过程分为以下五个步骤：

1)计算前必要数据准备

(1)所需的已知数据：本计算单元的交点坐标为(X_i, Y_i)，交点桩号为K_{JD}，前一个交点的坐标为(X_{i-1}, Y_{i-1})，转角为α，缓和曲线长为L_s，圆曲线半径为R。

(2)曲线要素计算：

内移值
$$p = \frac{L_s^2}{24R} \tag{2-8}$$

切线增值 $$q = \frac{L_s}{2} - \frac{L_s^3}{240R^2} \tag{2-9}$$

切线长 $$T = q + \frac{(R+p)(1-\cos\alpha)}{\sin\alpha} \tag{2-10}$$

圆曲线长 $$L_y = R\alpha - L_s \tag{2-11}$$

曲线长 $$L = L_y + 2L_s \tag{2-12}$$

外距 $$E = (R+p)\sec\frac{\alpha}{2} - R \tag{2-13}$$

式中：p——回旋曲线内移值；

q——回旋曲线切线增长值；

T——切线长；

L_s——缓和曲线长度；

L_y——圆曲线长度；

L——曲线长 ；

E——外距；

α——转角；

R——圆曲线半径。

(3)主点桩里程桩号计算：

直缓点桩号 $$K_{ZH} = K_{JD} - T \tag{2-14}$$

缓圆点桩号 $$K_{HY} = K_{ZH} + L_s \tag{2-15}$$

曲中点桩号 $$K_{QZ} = K_{ZH} + \frac{L}{2} \tag{2-16}$$

圆缓点桩号 $$K_{YH} = K_{HY} + L_y \tag{2-17}$$

缓直点桩号 $$K_{HZ} = K_{YH} + L_s \tag{2-18}$$

2)计算前直线段上点的坐标

(1)计算 $JD_{i-1} - JD_i$的道路中线的方位角 α_{i-1} ：

①计算坐标差

$$\Delta X = X_{JD_i} - X_{JD_i-1} \tag{2-19}$$

$$\Delta Y = Y_{JD_i} - Y_{JD_i-1} \tag{2-20}$$

②计算象限角

$$\theta = \arctan\left|\frac{\Delta Y}{\Delta X}\right| \tag{2-21}$$

③根据坐标差判断导线方位角的象限求出两交点连线的方位角 α_{i-1}

若 $\Delta X > 0, \Delta Y > 0$，则 $\alpha_{i-1} = \theta$

若 $\Delta X < 0, \Delta Y > 0$，则 $\alpha_{i-1} = 180° - \theta$

若 $\Delta X < 0, \Delta Y < 0$，则 $\alpha_{i-1} = 180° + \theta$

若 $\Delta X > 0, \Delta Y < 0$，则 $\alpha_{i-1} = 360° - \theta$

(2)判断任意点是否位于桩号 K_P 前直线段上的方法：

根据点 K_P 的里程判断，若满足 $K_P \leqslant K_{ZH}$ 时，则 P 点位于平曲线的前直线段。

(3)计算前直线段点的坐标和方位角：

$$X_P = X_i - (T + l)\cos\alpha_{i-1} \tag{2-22}$$

$$Y_P = Y_i - (T + l)\sin\alpha_{i-1} \tag{2-23}$$

方位角：

$$\beta_P = \alpha_{i-1} \tag{2-24}$$

P 点到 ZH 点距离：

$$l = K_{ZH} - K_P \tag{2-25}$$

3）计算第一缓和曲线和圆曲线上点的坐标

（1）在 ZH 点建立局部坐标系 $X' - ZH - Y'$ ；

（2）根据直线上点的坐标计算方法，求出 ZH 点在统一坐标系中的坐标（ X_{ZH}, Y_{ZH} ）；

（3）根据坐标变换公式求出 $X - O - Y$ 坐标系和 $X' - ZH - Y'$ 转换的实用公式，公式如下：

$$X_P = X_{ZH} + X'_P\cos A_{i-1} - IY'_P \cdot \sin A_{i-1} \tag{2-26}$$

$$Y_P = Y_{ZH} + X'_P\sin A_{i-1} + IY'_P \cdot \cos A_{i-1} \tag{2-27}$$

其中 I 为符号函数，当线路左转时，$I = -1$ ；当线路右转时，$I = 1$，以下同。

（4）求出点 P 在局部坐标系中的坐标（ X'_P, Y'_P ）：

①当点 P 位于第一缓和曲线段内，即 $K_{ZH} \leqslant K_P \leqslant K_{HY}$ 时，计算公式为

$$l = K_P - K_{ZH} \tag{2-28}$$

$$X'_P = l - \frac{l^5}{40R^2L_s^2} \tag{2-29}$$

$$Y'_P = \frac{l^3}{6RL_s} - \frac{l^7}{336R^3L_s^3} \tag{2-30}$$

P 点切线角：

$$\beta_P = \alpha_{i-1} + I\frac{l^2}{2L_sR} \tag{2-31}$$

②当点 P 位于圆曲线段内，即 $K_{HY} \leqslant K_P \leqslant K_{YH}$ 时，计算公式为

$$l = K_P - K_{ZH} \tag{2-32}$$

$$\beta = \frac{2l - L_s}{2R} \tag{2-33}$$

$$X'_P = q + R\sin\beta \tag{2-34}$$

$$Y'_P = p + R(1 - \cos\beta) \tag{2-35}$$

$$\beta_P = \alpha_{i-1} + I\beta \tag{2-36}$$

（5）计算 P 点的坐标

将以上计算的(X'_P, Y'_P)坐标代入坐标转换公式,即可得出点 P 在统一坐标系中的坐标(X_P, Y_P)

4)计算第二缓和曲线上点的坐标

(1)建立坐标系 $X'' - \mathrm{HZ} - Y''$;

(2)计算 HZ 点在统一坐标系中的坐标:

$$X_{HZ} = X_i + T\cos A_i \tag{2-37}$$

$$Y_{HZ} = Y_i + T\sin A_i \tag{2-38}$$

(3)求出坐标变换公式:

$$X_P = X_{HZ} - X''_P\cos A_i - IY''_P\sin A_i \tag{2-39}$$

$$Y_P = Y_{HZ} - X''_P\sin A_i + IY''_P\cos A_i \tag{2-40}$$

(4)求出点 P 在独立坐标系 $X'' - \mathrm{HZ} - Y''$ 中坐标(X''_P, Y''_P),计算公式为

$$l = K_{HZ} - K_P \tag{2-41}$$

$$X''_P = l - \frac{l^5}{40R^2L_s^2} \tag{2-42}$$

$$Y''_P = \frac{l^3}{6RL_s} - \frac{l^7}{336R^3L_s^3} \tag{2-43}$$

(5)把(X''_P, Y''_P)代入坐标变换公式中,即得 P 点在统一坐标系中的坐标(X_P, Y_P)。

5)计算后直线段上点的坐标

计算公式为

$$l = K_P - K_{HZ} \tag{2-44}$$

$$X_P = X_i + (T + l)\cos\alpha_i \tag{2-45}$$

$$Y_P = Y_i + (T + l)\sin\alpha_i \tag{2-46}$$

$$\beta_P = \alpha_i \tag{2-47}$$

第三节　路基中桩施工放样案例

湖南省某高速公路第三施工合同段,起于 K32 + 650,终于 K41 + 860,全长 9.29km。路基宽度整体式 26m,设计速度 100km/h,设计载荷:公路—I 级。

一、设 计 资 料

某路段计算起点从 K34 + 200 到终点 K35 + 600,长度 1 400m,其中包括由直线、圆曲线和缓和曲线组成的基本线形。交点(JD_1)里程桩号为 K34 + 919.859,坐标为(2 984 628.000,514 655.000)。前一个交点(JD_0)里程桩号为 K33 + 277.282,坐标为(2 985 302.61,513 046.018)。JD_1 圆曲线半径采用 1 350m,缓和曲线长度为 240m,转角为 31°12′20″,转角为左偏,见图 2-5。

要求:计算其中一段的线路中线坐标和边桩坐标。即计算以下内容:

(1)计算直线上每个相距20m的中桩坐标和边桩坐标;

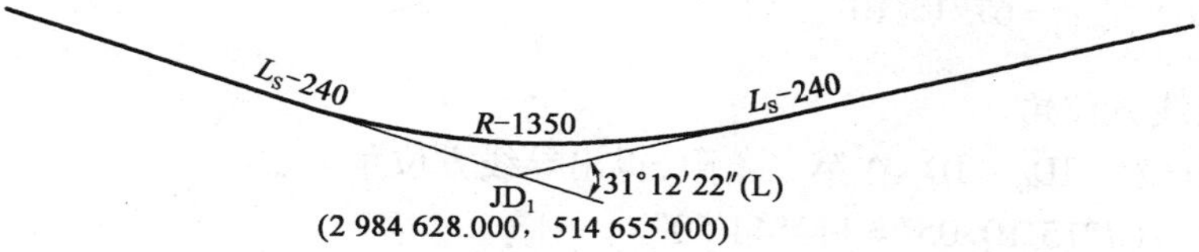

图2-5 JD_1 弯道示意图

(2)计算圆曲线上每个相距20m的中桩坐标和边桩坐标;

(3)计算缓和曲线上每个相距20m的中桩坐标和边桩坐标。

二、计 算 过 程

说明:本案例点的坐标计算,部分为手算结果,主要用来说明计算过程。其余点坐标计算结果是使用CASIO-fx5800P所编程序计算得出。由于手算所用公式省略了高次项,因此,与计算器所得结果存在较小的差别。

1. 计算前数据准备

1)平曲线要素计算

$$p=\frac{L_s^2}{24R}=\frac{240^2}{24\times1\,350}=1.788(\mathrm{m})$$

$$q=\frac{L_s}{2}-\frac{L_s^3}{240R^2}=\frac{240}{2}-\frac{240^3}{240\times1\,350^2}=119.968(\mathrm{m})$$

$$T=q+\frac{(R+p)(1-\cos\alpha)}{\sin\alpha}$$

$$=119.968+\frac{(1350+1.788)(1-\cos31°12'20'')}{\sin31°12'20''}=497.465(\mathrm{m})$$

$$L_y=R\alpha-L_s=1\,350\times0.545-240=495.264(\mathrm{m})$$

$$L=L_y+2L_s=495.264+2\times240=975.264\ (\mathrm{m})$$

$$E=(R+p)\sec\frac{\alpha}{2}-R=(1\,350+1.788)\times\sec\frac{31°12'20''}{2}-1\,350=53.508(\mathrm{m})$$

2)主点桩计算

直缓点桩号: $K_{ZH}=K_{JD}-T=\mathrm{K}34+919.859-497.465=\mathrm{K}34+422.394(\mathrm{m})$

缓圆点桩号: $K_{HY}=K_{ZH}+L_s=\mathrm{K}34+422.394+240=\mathrm{K}34+662.394(\mathrm{m})$

曲中点桩号: $K_{QZ}=K_{ZH}+\frac{L}{2}=\mathrm{K}34+422.394+\frac{975.264}{2}=\mathrm{K}34+910.026(\mathrm{m})$

圆缓点桩号: $K_{YH}=K_{HY}+L_y=\mathrm{K}34+662.394+495.264=\mathrm{K}35+157.658(\mathrm{m})$

缓直点桩号: $K_{HZ}=K_{YH}+L_s=\mathrm{K}35+157.658+240=\mathrm{K}35+397.658(\mathrm{m})$

2. 前直线段上中桩坐标计算

1)导线方位角计算

(1)计算坐标差

$$\Delta X=X_{JD_1}-X_{JD_0}=2\,984\,628.000-2\,985\,302.610=-674.610$$

$\Delta Y = Y_{JD_1} - Y_{JD_0} = 514\ 655 - 513\ 046.018 = 1\ 608.982$

(2)计算象限角

$$R_0 = \arctan\left|\frac{\Delta Y}{\Delta X}\right| = 67°15'10''$$

(3)计算导线方位角

判断导线方位角 $JD_0 - JD_1$ 在第二象限,得出导线方位角为

$$A_0 = 180° - 67°15'10.05'' = 112°44'50''$$

$$A_1 = A_0 - 31°12'20'' = 81°32'30''$$

2)计算前直线段上任意中桩点(K34 +410)的坐标

公路中线上任意一点 K34 +410,其坐标计算如下:

$$X_P = 2\ 984\ 628 - (497.465 + 12.394)\cos112°44'50'' = 2\ 984\ 825.145\ (\text{m})$$

$$Y_P = 514\ 655 - (497.465 + 12.394)\sin112°44'50'' = 514\ 184.797(\text{m})$$

$$\beta_P = 112°44'50''$$

3. 在第一缓和曲线和圆曲线内点计算坐标

要求 K34 +570 和点 K34 +870 的坐标,步骤如下。

1) 建立坐标系

以 ZH 点为坐标原点,以过圆点的切线为 X'轴,以过圆点的半径为 Y'轴,建立局部坐标系 $X' - ZH - Y'$。

2)求出 ZH 点在整体坐标系 $X' - O - Y'$内的坐标

点 K34 +422.394(ZH 点)坐标:

$$X_P = 2\ 984\ 628 - 497.465\cos112°44'50'' = 2\ 984\ 820.353(\text{m})$$

$$Y_P = 514\ 655 - 497.465\sin112°44'50'' = 514\ 196.228(\text{m})$$

$$\beta_P = 112°44'50''$$

3)求出本例坐标变换的公式

$$X_P = 2\ 984\ 820.353 - 0.387\ X'_P + 0.922\ Y'_P$$

$$Y_P = 514\ 196.228 + 0.922\ X'_P + 0.387\ Y'_P$$

4)计算所求点在 $X' - ZH - Y'$坐标系中的坐标

(1)计算点 K34 +570 坐标

$K_{ZH} \leqslant$ K34 +570 $\leqslant K_{HY}$,落在第一缓和曲线段内,则独立坐标系坐标为

$$l = (\text{K34} + 570) - K_{ZH} = 147.606(\text{m})$$

$$X'_P = l - \frac{l^5}{40R^2L_s^2} = 147.606 - \frac{147.606^5}{40 \times 1\ 350^2 \times 240^2} = 147.589(\text{m})$$

$$Y'_P = \frac{l^3}{6RL_s} - \frac{l^7}{336R^3L_s^3} = \frac{147.606^3}{6 \times 1\ 350 \times 240} - \frac{147.606^7}{336 \times 1\ 350^3 \times 240^3} = 1.654(\text{m})$$

坐标变换公式为

$$X_P = 2\ 984\ 820.353 - 0.387\ X'_P + 0.922\ Y'_P$$

$$Y_P = 514\ 196.228 + 0.922\ X'_P + 0.387\ Y'_P$$

将(X'_P, Y'_P) 代入公式可得

$$X_P = 2\ 984\ 764.809\ (\text{m})$$

$$Y_P = 514\ 332.977\ (\text{m})$$

$$\beta_P = A_{i-1} + I\frac{l^2}{2\times L_s\times R} = 112°44'50'' - 1°56'53'' = 110°47'57''$$

(2)计算点 K34 +870 坐标

K_{HY} ≤K34 +870≤ K_{YH} ,落在圆曲线段内,独立坐标系坐标为

$$l = (K34+870) - K_{ZH} = 447.606\ (m)$$

$$\beta = \frac{2l - L_s}{2R} = \frac{2\times 447.606 - 240}{2\times 1\,350} = 0.243 = 13°55'22''$$

$$X'_P = q + R\sin\beta = 119.968 + 1\,350\times 0.241 = 444.799(m)$$

$$Y'_P = p + R(1-\cos\beta) = 1.788 + 1\,350(1-0.971) = 40.938(m)$$

$$\beta_P = A_{i-1} + I\beta = 112°44'50'' - 13°55'22'' = 98°49'28''$$

代入坐标变换公式可得

$$X_P = 2\,984\,685.961(m)$$

$$Y_P = 514\,622.176(m)$$

4. 在第二缓和曲线段内点的坐标计算

1) 建立独立坐标系

以 HZ 点为坐标圆点,以过圆点的切线为 X''轴,以过圆点的半径为 Y''轴,建立独立坐标系。

2)求出 HZ 点在统一坐标系中的坐标

$X_{HZ} = X_i + T\cos\alpha_i = 2\,984\,628 + 497.465\times 0.147 = 2\,984\,701.127$

$Y_{HZ} = Y_i + T\sin\alpha_i = 514\,655 + 497.465\times 0.989 = 515\,146.993$

3) 求出坐标变换公式

$X_P = 2\,984\,701.127 - 0.147\,X''_P + 0.989\,Y''_P$

$Y_P = 515\,146.993 - 0.989\,X''_P - 0.147\,Y''_P$

4) 求出点在独立坐标系中的坐标

求点 K35 +250 的坐标

$l = K_{HZ} - K_P = (K35+397.658) - (K35+250) = 147.658\ (m)$

$$X''_P = l - \frac{l^5}{40R^2L_s^2} = 147.658 - \frac{147.658^5}{40\times 1\,350^2\times 240^2} = 147.641(m)$$

$$Y''_P = \frac{l^3}{6RL_s} - \frac{l^7}{336R^3L_s^3} = \frac{147.658^3}{6\times 1\,350\times 240} - \frac{147.658^7}{336\times 1\,350^3\times 240^3} = 1.656(m)$$

代入坐标变换公式可得

$X_P = 2\,984\,701.127 - 0.147\times 147.641 + 0.989\times 1.656 = 2\,984\,681.062(m)$

$Y_P = 515\,146.993 - 0.989\times 147.641 - 0.147\times 1.656 = 515\,000.733(m)$

$$\beta_P = A_i - I\frac{l^2}{2L_sR} = 81°32'30'' + \frac{147.641^2}{2\times 240\times 1350} = 81°32'29.95'' + 1°56'53'' = 83°29'23''$$

5. 后直线段上点坐标计算

计算点 K35 +400 坐标,代入公式可得

$l = (K35+400) - (K35+397.658) = 2.342$

$X_P = 2\,984\,628 + (497.465 + 2.342)\times 0.147 = 2\,984\,701.485(m)$

$Y_P = 514\,655 + (497.465 + 2.342)\times 0.989 = 515\,149.309(m)$

$\beta_P = A_i = 81°32'30''$

路基中线各中桩坐标采用 Casio fx－5800P 计算器计算，计算结果如表 2-1 所示。

路基中桩坐标计算结果 表 2-1

序号	桩 号	X(m)	Y(m)	序号	桩 号	X(m)	Y(m)
1	K34＋210	2 984 902.478	514 000.354	36	K34＋915	2 984 680.472	514 666.587
2	K34＋230	2 984 984.745	514 018.798	37	K34＋938	2 984 677.89	514 689.441
3	K34＋250	2 984 887.012	514 037.243	38	K34＋960	2 984 675.786	514 711.34
4	K34＋270	2 984 879.278	514 055.687	39	K34＋980	2 984 674.182	514 731.276
5	K34＋290	2 984 871.545	514 074.132	40	K35＋0	2 984 672.874	514 751.233
6	K34＋310	2 984 863.812	514 092.576	41	K35＋25	2 984 671.655	514 776.203
7	K34＋330	2 984 856.078	514 111.02	42	K35＋50	2 984 670.898	514 801.191
8	K34＋350	2 984 848.345	514 129.465	43	K35＋70	2 984 670.626	514 821.189
9	K34＋370	2 984 840.612	514 147.909	44	K35＋90	2 984 670.651	514 841.189
10	K34＋390	2 984 832.878	514 166.354	45	K35＋110	2 984 670.971	514 861.186
11	K34＋410	2 984 825.145	514 184.798	46	K35＋130	2 984 671.588	514 881.176
12	K34＋430	2 984 817.412	514 203.242	47	K35＋150	2 984 672.501	514 901.155
13	K34＋450	2 984 809.688	514 221.691	48	K35＋170	2 984 673.709	514 921.118
14	K34＋470	2 984 801.994	514 240.152	49	K35＋190	2 984 675.197	514 941.063
15	K34＋490	2 984 794.357	514 258.636	50	K35＋210	2 984 676.94	514 960.987
16	K34＋510	2 984 786.796	514 277.152	51	K35＋230	2 984 678.914	514 980.889
17	K34＋530	2 984 779.336	514 295.708	52	K35＋250	2 984 681.094	515 000.77
18	K34＋550	2 984 771.999	514 314.314	53	K35＋270	2 984 683.455	515 020.63
19	K34＋570	2 984 764.809	514 332.977	54	K35＋290	2 984 685.973	515 040.47
20	K34＋590	2 984 757.789	514 351.704	55	K35＋310	2 984 688.622	515 060.294
21	K34＋610	2 984 750.963	514 370.503	56	K35＋332	2 984 691.66	515 082.084
22	K34＋630	2 984 744.356	514 389.38	57	K35＋355	2 984 694.938	515 104.849
23	K34＋650	2 984 737.991	514 408.34	58	K35＋378	2 984 698.286	515 127.604
24	K34＋670	2 984 731.893	514 427.388	59	K35＋400	2 984 701.518	515 149.365
25	K34＋690	2 984 726.077	514 446.523	60	K35＋420	2 984 704.457	515 169.148
26	K34＋710	2 984 720.544	514 465.743	61	K35＋440	2 984 707.381	515 188.933
27	K34＋730	2 984 715.298	514 485.042	62	K35＋460	2 984 710.279	515 208.722
28	K34＋750	2 984 710.337	514 504.417	63	K35＋480	2 984 713.136	515 228.517
29	K34＋770	2 984 705.664	514 523.863	64	K35＋500	2 984 715.939	515 248.319
30	K34＋790	2 984 701.28	514 543.376	65	K35＋525	2 984 719.35	515 273.086
31	K34＋810	2 984 697.186	514 562.953	66	K35＋550	2 984 722.632	515 297.869
32	K34＋830	2 984 693.381	514 582.587	67	K35＋570	2 984 725.148	515 317.71
33	K34＋850	2 984 689.868	514 602.276	68	K35＋590	2 984 727.552	515 337.565
34	K34＋870	2 984 686.648	514 622.015	69	K35＋610	2 984 729.832	515 357.435
35	K34＋890	2 984 683.72	514 641.799				

第四节　路基边桩施工放样案例

路基基本形式可以分为填方路堤、挖方路堑和半填半挖形式。下面仅以路基填方路堤和挖方路堑两种形式来说明其坐标放样计算方法。对于填方路堤和挖方路堑，其坡脚和坡顶的边桩位置距线路中桩的距离已确定，且边桩与中桩的连线与中桩的切线垂直，那么可以根据中桩的切线方位角，求出边桩与中桩连线方向的方位角，根据路基宽度和坐标计算的方法，求出两个坡顶边桩的坐标。

一、路基边桩位置确定

1. 路堑坡顶边桩坐标计算

边桩坐标计算公式（图2-6）如下：

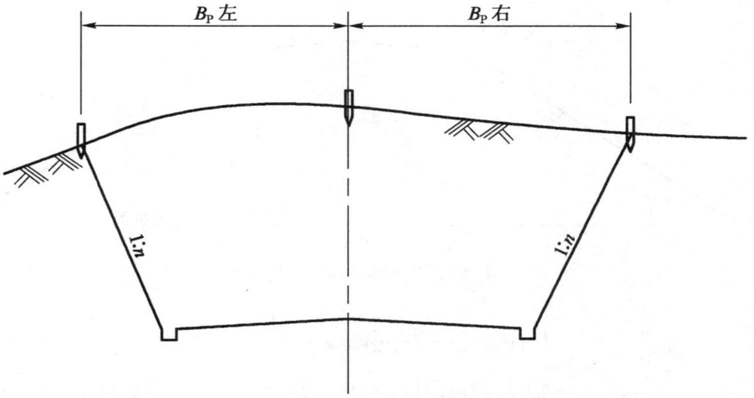

图2-6　路堑断面放样示意图

左边桩

$$X_{P左边桩} = X_P + B_{P左}\cos(\beta_P - 90°) \tag{2-48}$$

$$Y_{P左边桩} = Y_P + B_{P左}\sin(\beta_P - 90°) \tag{2-49}$$

右边桩

$$X_{P右边桩} = X_P + B_{P右}\cos(\beta_P + 90°) \tag{2-50}$$

$$Y_{P右边桩} = Y_P + B_{P右}\sin(\beta_P + 90°) \tag{2-51}$$

【案例】　计算K35+250点的边桩坐标

根据前面计算结果，中桩K35+250点的切线的方位角为$\beta_P = 83°29'23''$，边桩到路基中心点的横向距离为$B_{P左} = B_{P右} = 13m$，则可计算出中桩至左右坡顶边桩连线的方位角，计算如下：

$$\beta_{中桩-左边桩} = 83°29'23'' - 90° + 360° = 353°29'23''$$

$$\beta_{中桩-右边桩} = 83°29'23'' + 90° = 173°29'23''$$

根据公式可得：

左边桩

$$X_{P左边桩}=X_P+13\times\cos(\beta_P-90°)=2\,984\,681.062+12.916=2\,984\,693.978\ (m)$$

$$Y_{P左边桩}=Y_P+13\times\sin(\beta_P-90°)=515\,000.733-1.474=514\,999.259(m)$$

右边桩

$$X_{P右边桩}=X_P+13\times\cos(\beta_P+90°)=2\,984\,668.146(m)$$

$$Y_{P右边桩}=Y_P+13\times\sin(\beta_P+90°)=515\,002.207(m)$$

2. 路堤坡脚边桩坐标计算

1)平坦地面坡脚边桩坐标计算

计算中桩至左右坡脚边桩的距离(图2-7):

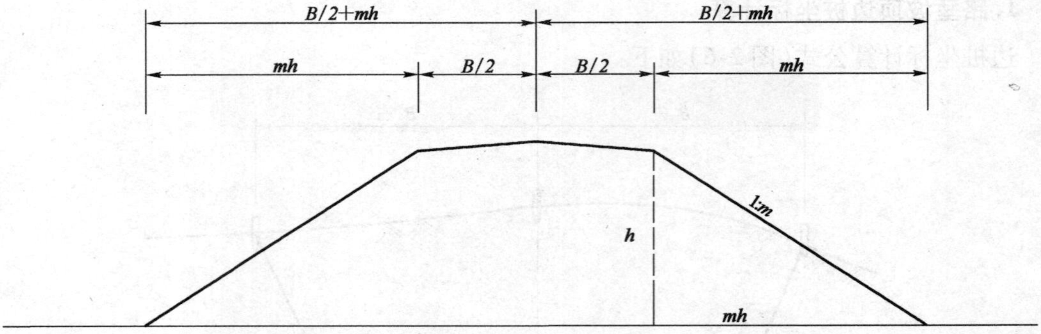

图2-7　路堤断面放样示意图

$$D_{左坡脚边桩}=D_{右坡脚边桩}=\frac{B}{2}+mh \tag{2-52}$$

式中:$D_{左坡脚边桩}$、$D_{右坡脚边桩}$——分别为道路中桩至左、右坡脚边桩的距离;

B——路基宽度;

m——边坡坡度;

h——填土高度。

根据公式计算出坡脚边桩的坐标:

左边桩

$$X_{P左边桩}=X_P+B_{P左}\cos(\beta_P-90°) \tag{2-53}$$

$$Y_{P左边桩}=Y_P+B_{P左}\sin(\beta_P-90°) \tag{2-54}$$

右边桩

$$X_{P右边桩}=X_P+B_{P右}\cos(\beta_P+90°) \tag{2-55}$$

$$Y_{P右边桩}=Y_P+B_{P右}\sin(\beta_P+90°) \tag{2-56}$$

2)倾斜地面坡脚边桩坐标计算

(1)计算边桩至中桩的距离:

$$D_{左坡脚边桩}=\frac{B}{2}+mh+mh_{左} \tag{2-57}$$

$$D_{右坡脚边桩}=\frac{B}{2}+mh-mh_{右} \tag{2-58}$$

式中：$h_{左}$和 $h_{右}$——左、右边桩与中桩的地面高差。

由于 $h_{左}$和 $h_{右}$不确定，需要用逐步逼近的方法来确定，具体做法如下：

估计一个 $D_{左坡脚边桩}$和 $D_{右坡脚边桩}$，在实地测量其高差，求出 $h_{左}$和 $h_{右}$，进而计算出 $D_{左坡脚边桩}$和 $D_{右坡脚边桩}$，和估计值比较，如果有误差，则作出调整，直到估计值和计算结果相符合为止。

(2)根据 $D_{左坡脚边桩}$和 $D_{右坡脚边桩}$，利用公式计算出坡脚左、右边桩的坐标。

3. 路线边桩具体放样方法

路线的放样可采用极坐标法或者全站仪坐标放样的方法。采用极坐标放样，即在要放样点附近的已知控制点上架设全站仪，后视对准另外一个已知控制点，根据这两个已知点的坐标和要放样点的坐标，计算出夹角和距离，采用移动棱镜的方法来放样；若采用全站仪坐标放样，其具体操作过程详见全站仪的说明书。下面介绍根据测量员实际经验总结的放样方法(图 2-8)。

图 2-8　路堤施工边桩位置放样

1)平坦地形路堑边坡的开挖桩放样

设某桩号右幅路基宽度为 B(含路堑边沟及碎落台宽度)，路肩设计高程为 Z，一级边坡高为 h，一级边坡坡比为 1∶n；二级边坡坡比为 1∶m，中间平台宽为 b，测得平坦地面实测高程为 H，且经判断边桩位于二级边坡上[注：假设每级边坡高度 $h=10$m，则当 $0<H-(Z+h)<10$ 时边桩落于第二级边坡上；若 $H-(Z+h)<0$，路堑边桩位于一级边坡；当 $H-(Z+h)>10$ 时则落于第三级边坡或以上]，则二级边坡放样宽度为

$$L = B + (hn + b) + [H - (Z + h)]m \tag{2-59}$$

以 L 为放样宽度进行现场测设，然后直接打桩即为本桩断面二级边坡开挖边线桩(详见图 2-9 及表 2-2)。

平坦地面二级边坡放样示例　　表 2-2

桩　　号	K56 +600	半幅路基宽度 B	16.6
路肩高程 Z	86.526	一级边坡高度 h	10
一级边坡坡比 n	1.0	边坡平台宽 b	2
二级边坡坡比 m	1.5	地面实测高程 H	101.583
放样宽度 L	36.132		

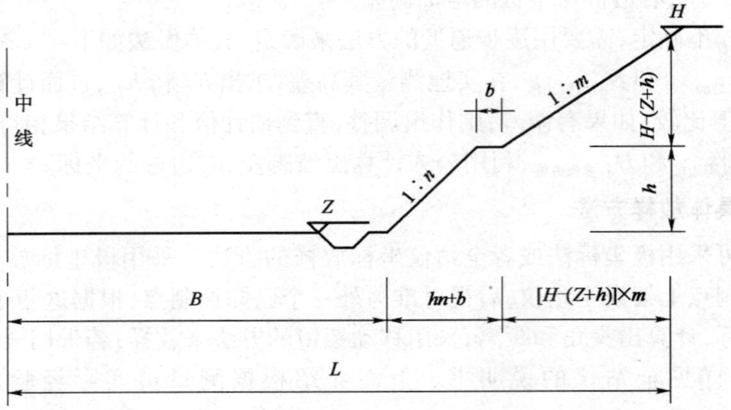

图 2-9　路基挖方断面图案

2)地形起伏无规则状横断面路堑开挖桩放样

仍以二级边坡为例,常规方法是沿着横断面方向通过反复多次放样,或用便携编程计算器通过坐标反算与测量得到各不同测设位置的(S_i,H_i)值(其中 S_i,H_i 分别为第 i 次测设的点至中桩距离及该点的绝对高程),直至经过 n 次试测终于得到某个测设点位(S_n,H_n)在要求精度范围内满足方程:

$$S_n = B + hn + b + [H_n - (Z + h)]m \tag{2-60}$$

注:本方程中除 S_i,H_i 两个变量外,其他均可视为常数。

则第 n 次的试测点位即为所求断面的开挖桩位置。本方法在理论上是可行的,但是要用此法在地形复杂多变处找到一个满足此方程式的点位(S_n,H_n)殊为不易,因为每得到一个新点位(S,H)的偏距和高程信息,需要向仪器或计算器输入大量的测设数据并不厌其烦地进行多次现场定位放样及检测,这个过程不仅漫长而且痛苦。如果有较专业的能与全站仪联机的掌中宝专业测设软件,则只要测定任意一个坐标后,测量数据马上能通过数据线输送至软件,无需手工输入而能自动反算出对应桩号和边距,此方法则姑且可行。如果条件不具备,但巧妙利用全站仪的一个对边测量($A-B$,$A-C$)功能,也同样能数倍地提高测设功效,具体测设步骤和原理如下。

先依设计图纸假设一个大致的开挖宽度 S_0,实地放样并测出此点高程 H_0,或先测设某一假定点的实地坐标,通过计算器程序反算其桩号和偏距从而得到初定点(S_0,H_0)的位置和高程,并假设通过比较高差法判定此边桩恰落在二级边坡上。

建立二级边坡判定方程:

$$\Delta L = B + hn + b + [(H_0 + C) - (Z + h)]m - (S_0 + D) \tag{2-61}$$

将 $C=0$,$D=0$, S_0,H_0 四个值代入上式。

注:$C=0$,$D=0$ 表示后一测设点与假定点(S_0,H_0)的相对距离和高差均为0,其实质即为验算假定点(S_0,H_0)的宽度误差值。

如果 $-0.1\text{m} \leq \Delta L \leq 0.1\text{m}$ 则可认为原假定点(S_0,H_0)满足精度要求恰为所求,直接打桩。

如果 $\Delta L > 0.1\text{m}$,则指令持杆人远离中桩以加宽 ΔL (m);反之,如果 $\Delta L < -0.1\text{m}$,则指令持杆人往中桩方向减少 ΔL (m)。

利用全站仪对边测量($A-B$,$A-C$)模式测得原初定点(S_0,H_0)至各后续测设点的相对距离和相对高差，依次将（D_i，C_i），（S_0，H_0）两点的四个数值代入方程：

$$\Delta L = B + hn + b + [(H_0 + C_i) - (Z + h)]m - (S_0 + D_i) \tag{2-62}$$

如果第 n 点（D_n，C_n）满足 $-0.1\text{m} \leqslant \Delta L \leqslant 0.1\text{m}$，则指令助手打桩，本桩位放样完毕。

注：$-0.1\text{m} \leqslant \Delta L \leqslant 0.1\text{m}$ 为自定测设精度，已足够满足机械化或人工整修边坡的施工精度。

需要注意的是，当后续测点比初定点（S_0，H_0）远离路基中桩时，D_i 取正值代入公式，比初定点（S_0，H_0）更靠近路基中桩时，D_i 取负值代入公式。

如果 ΔL 不满足精度要求，重复上面的步骤直至 $-0.1\text{m} \leqslant \Delta L \leqslant 0.1\text{m}$，即宽度误差在0.1m内时打桩，一般重复进行对边测量 2～3 次就能迅速逼近和找到待求点位置，而每次对边测量仅仅用时 5s 左右，由此可见运用此方法的巧妙和快捷之处。工程实例如图 2-10、图 2-11 和表 2-3 所示。

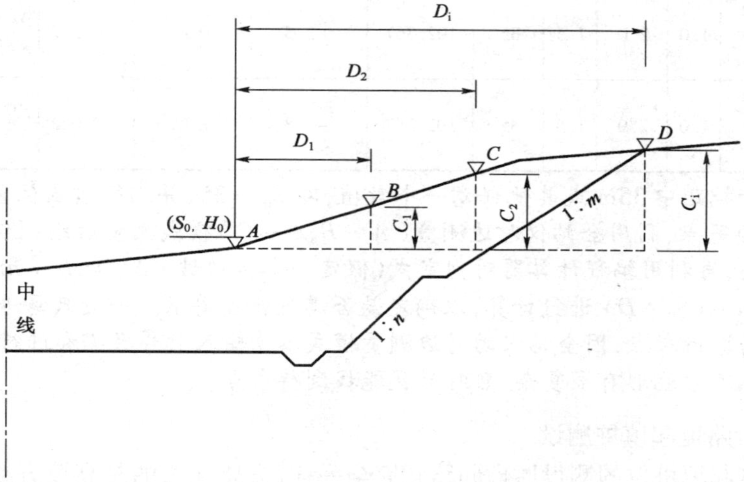

图 2-10　全站仪对边测量（$A-B$，$A-C$）功能模式测试图解

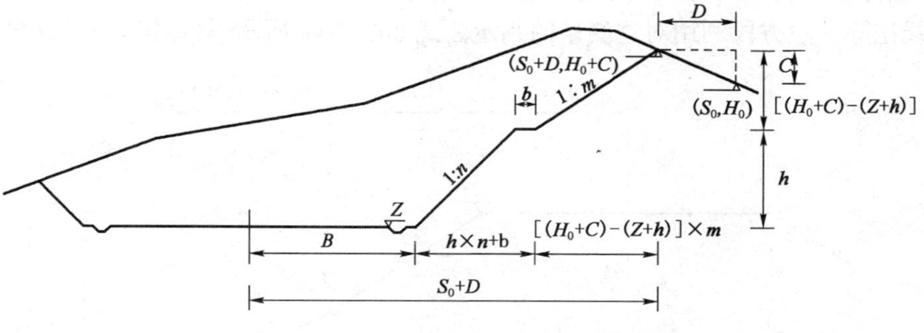

图 2-11　全站仪路堑 2 级边坡开挖桩测设放样

说明：

1. 当 $H_0 + C < Z + h$ 时（一级边坡）：

$\Delta L = B + [(H_0 + C) - Z]n - (S_0 + D)$

2. 当 $H_0 + C > Z + h$ 时（二级边坡）：

$\Delta L = B + hn + b + [(H_0 + C) - (Z + h)]m - (S_0 + D)$

3. 当 $H_0 + C > Z + 2h$ 时(三级边坡或以上):原理同,方程略。

注:其中(D,C)系用全站仪的对边测量功能$(A-B,A-C)$测得的相对于初始假设点(S_0,H_0)的相对距离和高差,若后测点自假设点(S_0,H_0)起算,远离路基中桩则D取正值,反之取负值,若后测点高于(S_0,H_0)点则C取正值,反之取负值。图中所示D取负值,C取正值。

路堑断面放样案例 表 2-3

B	Z(m)	h(m)	n	b(m)	m	S_0(m)	H_0(m)	实测 D_i(m)	实测 C_i(m)	ΔL(m)	备注
16.6	90.325	10	1.0	2.0	1.5	35	102.367	0	0	−3.337	$\Delta L<-0.1$m,令持镜者往内减少约3.3m
16.6	90.325	10	1.0	2.0	1.5	35	102.367	−3.5	0.5	+0.913	$\Delta L>0.1$m,令持镜者往外加宽约0.9m
16.6	90.325	10	1.0	2.0	1.5	35	102.367	−2.5	0.4	−0.237	$\Delta L<-0.1$m,令持镜者往内减少约0.2m
16.6	90.325	10	1.0	2.0	1.5	35	102.367	−2.8	0.33	−0.042	$-0.1\leq\Delta L\leq0.1$m,满足精度,打桩

注:先假定开挖距中35m或其他任意一个数值,即$S_0=35$,并测得该点位置和高程H_0,然后以(S_0,H_0)为基点,利用全站仪对边测量$(A-B,A-C)$模式测量后续测点至(S_0,H_0)的相对距离和高差,再利用编程计算器对判定式(假定为二级边坡)$\Delta L = B + hn + b + [(H_0 + C) - (Z+h)]m - (S_0 + D)$进行计算,以确定是否满足精度要求。一般只需进行2~3次对边测量就能迅速逼近待求点,因全站仪的对边测量模式不需输入放样数据和进行手工计算,所以测设速度极快。不管地形有多复杂,熟练后就能找到待求点。

3)填方路段路堤起填桩测设

填方段坡脚起填桩位的测设原理同路堑完全一样,需要注意的是高填方路段一般情况下一级边坡坡比为1:1.5(n),8m以下的二级边坡坡比放缓为1:1.75(m)。为保证边坡压实度和稳定性,填方段测设放样时必须牢记按规范要求加宽0.3~0.5m,加宽部分留待将来修坡时再按设计线挖除。填方段利用对边测量的判定公式如图2-12所示,具体推导和演示过程略。

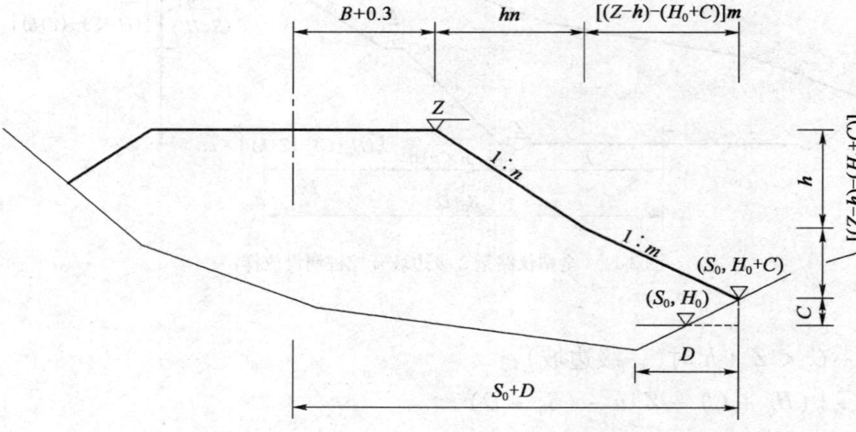

图2-12 填方路段路堤起填桩放样

说明：

1. 当填土高度小于 h 时（一级边坡）：

$\Delta L = B + 0.3 + hn + [(Z - h) - (H_0 + C)]m - (S_0 + D)$

2. 当填土高度大于 h 时（二级边坡）：

$\Delta L = B + 0.3 + [Z - (H_0 + C)]n - (S_0 + D)$。

式中：B——路基半幅宽度；

Z——路肩设计高程；

h——上边坡高度。

上边坡坡比为 1∶n，下边坡坡比为 1∶m，且施工过程中路基按加宽 0.3m 测设。

综上所述，利用对边测量的方法测设路基边桩是非常方便和快捷的，它使测设过程不因地形复杂而变得复杂，如果所使用的计算器程序带有通过测设任一桩位上的任一点的坐标而能反算出该点的桩号、边距及路肩设计高程的功能，从而得到初定点（S_0，H_0）的位置，则边桩放样可不局限于设计上标有的断面，可让持镜者在任一桩号上随走随测，则又避免了通过查看断面图，并且需要进行一次坐标放样才能得到初定点（S_0，H_0）的这一过程，这样就勿需携带设计图纸、纸和笔，而只带一个计算器即可。

二、路基填挖过程高程施工放样

1. 路基填挖施工测量方法

在施工中，测量技术员应做好以下三方面工作：首先根据设计资料给出施工宽度；其次应确定出总的填（挖）土高度；再根据总填（挖）土高度，确定出每一层的填土厚度，控制挖土高程，避免超挖。

具体操作步骤如下：

（1）依据设计图纸计算出施工段的起讫点，总的施工长度，确定其在现场的实际位置；根据设计的纵、横坡，计算所施工的路基宽度，并逐断面钉上边桩，做好明显标志；

（2）按各断面的纵断面高程计算出该断面的填（挖）土高度，填（挖）土高度一经计算准确后，应做好记录、上台账或以其他形式做好记载；

（3）根据计算出的填土高度、宽度，正确地划分填料的层次，及时地按划分的填高和计算出的宽度标定到现场；

（4）由于每填完一层必须立即确定下一层的宽度，所以恢复中线就应该是首先应进行的一项工作。按恢复的中线正确地放出边桩，及时地测量出每一层填料的高程，并且做好记录。

上述工作贯穿于公路施工的始终。每当填完一层土，碾压合格后，就需测量员进行恢复中线、水准测量，根据测得的结果，确定下一层的填高，直至工程结束后这项工作方能结束。

这项工作看似简单，但在实际工作中却是极为重要的，绝不可以马虎大意，一旦出现差错将造成很大的经济损失。所以，在日常工作中要养成仔细、认真的好习惯，及时检查，发现问题立即纠正，把损失降到最小。

2. 路基验收的测量工作

路基施工结束后就应进行测量验收。测量验收的内容包括：路基的宽度、路基的填挖高度、路基的横坡度、路基的填挖边坡等。

路基的边坡应按设计施工，边坡修整完后要求测量员对边坡的坡度情况进行控制测量。

3. 路基施工控制测量

施工控制测量主要是根据测点返回信息(包括距中桩、距边桩以及距设计面等信息),来对施工进度和质量进行控制。灵活运用可以进行中桩、边桩放样,下面介绍施工控制测量的原理。

1)对路基挖方进行的测量控制

对工程施工进度进行有效的控制。图 2-13 是挖方路段时利用控制测量对施工进度进行控制的示意图。

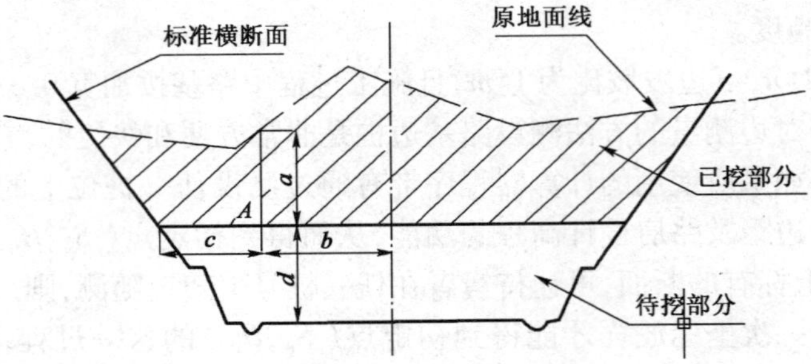

图 2-13 挖方路段

如图 2-13 所示,虚线表示开挖前的地面线,细实线表示测量时开挖的现状,粗实线表示设计横断面。

当对路基某断面上任意点 A 进行高程测量后,则可以将 A 点距原地面线的距离 a,到中线的距离 b,到边线的距离 c 以及到路面设计面的距离 d 计算出来,就可以计算出已挖部分的面积和待挖部分的面积,从而可以计算出已经完成的工作量,实现对施工进度的实时控制。同理可以实现对填方路段或半填半挖路段施工进度的控制。

2)对填方路基施工进行测量控制

利用控制测量施工放样,不受人为因素影响,测量、放样准确,避免了返工和施工浪费。图 2-14 是利用控制测量对填方路段进行施工质量检查的示意图。

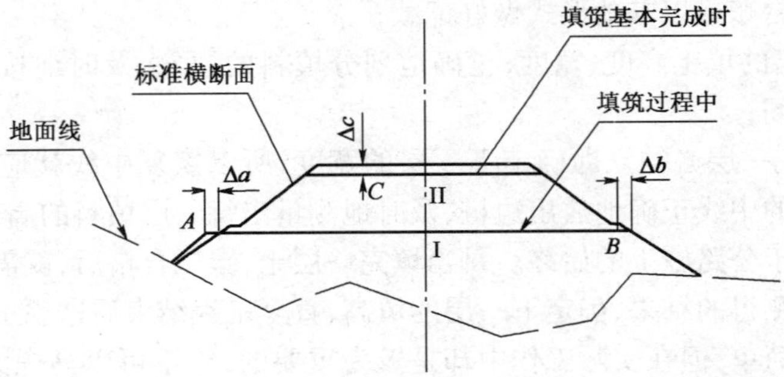

图 2-14 填方路段

图 2-10 中,虚线表示原地面线,细实线表示填筑情况,粗实线表示标准横断面。

利用控制测量对施工质量进行检查,可以分两种情况进行分析。

(1)填筑过程时

在路基的填筑过程中,不仅要对压实度等填筑质量进行控制,而且要对填筑的位置进行严格的把关。如图 2-14 所示,当填到任意位置 I 时,对 A、B 两点进行控制测量,将得到 A、B 两点

距边线的距离 Δa 和 Δb，当 Δa 和 Δb 在规定的误差范围外时，则应当修正填筑位置，以免造成更严重的后果。

(2)填筑完成时

当填筑基本完成填到位置 II 时，应对路基上任意点 C 进行控制测量，将计算 C 点到设计面线的距离 Δc，当 Δc 在规定的误差范围外时，则应当作出相应的调整，使 Δc 在规定的误差范围内。

4. 路基施工阶段各层的抄平方法

1)填方路堤各层的抄平

填方路堤在施工过程中，是分层进行填筑的，各结构层的厚度和压实度又各有不同。这就需要在填筑之前事先测定各结构层松铺的顶面高程。如图 2-15 所示，图中 h 为松铺厚度，h' 为压实厚度。在填筑以前需要先标定松铺厚度 A、B、C 的高程，这个过程即称为抄平。

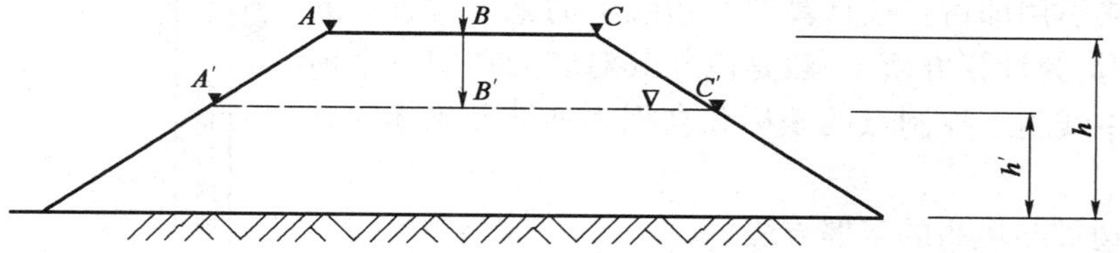

图 2-15　填方路堤分层压实高程控制

为了确定 A、B、C 的顶面高程，需要事先在试验路路段测定该层的松铺系数 k：

$$k = \frac{h}{h'} \tag{2-63}$$

不同土质，不同压实度的松铺系数都将不同。A、B、C 的顶面高程即为

$$H_A = H_d + h \tag{2-64}$$

式中：H_d——下一填筑层顶面的设计高程。

在施工过程中，是按照下面的方法完成路基顶面抄平的。如图 2-16 所示，$ABCD$ 为某路基层顶面松铺厚度顶面的放样位置，$A'B'C'D'$ 为路基坡脚放线位置。AD、BC 的长度为该结构层顶面的宽度。

(1)利用水准仪、双面尺以及附近的水准点或者由较远处水准点引测过来的已知高程点，用木桩标定出 A、B、C、D 的位置，使木桩顶面的高程等于该结构层松铺厚度的顶面高程；

(2)在各木桩顶面钉上小钉子，在钉子之间拉上细线作为填筑的依据；

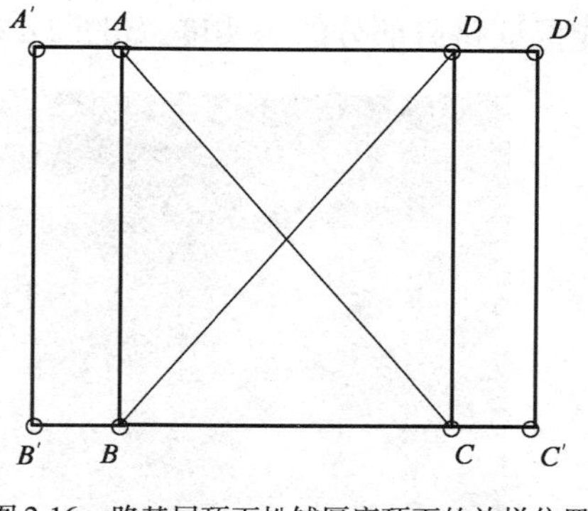

图 2-16　路基层顶面松铺厚度顶面的放样位置

(3)在该结构层压实后，再用高程放样的方法检查该结构层顶面的高程。

2)直线段路基顶面的抄平

当路基施工高度达到设计高程后，应检查路基中心顶面的高程以及路基两侧边缘的设计高程。当路基填筑至一定高度(一般要到路基精加工区)附近时，就要开始做路拱横坡。如图 2-17 所示，一般在底基层、基层底部不做出路拱横坡，即图中的 90、93 区，当填筑至 95 区时，即开始路拱横坡度的制作，此时路拱横坡与路面横坡是一致的。

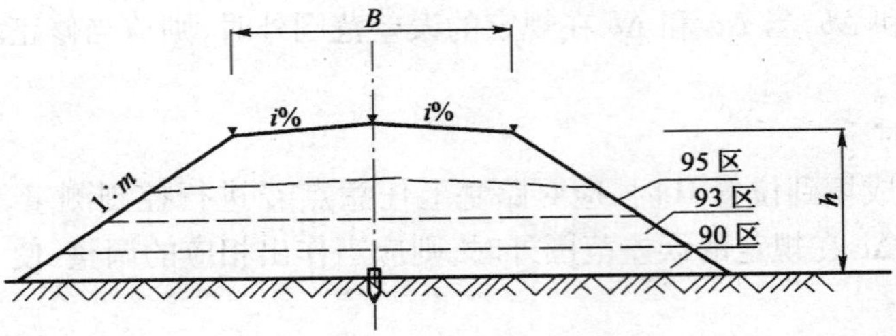

图 2-17　直线段路基顶面的抄平

抄平路基顶面中线施工控制桩的设计高程(图 2-18)。

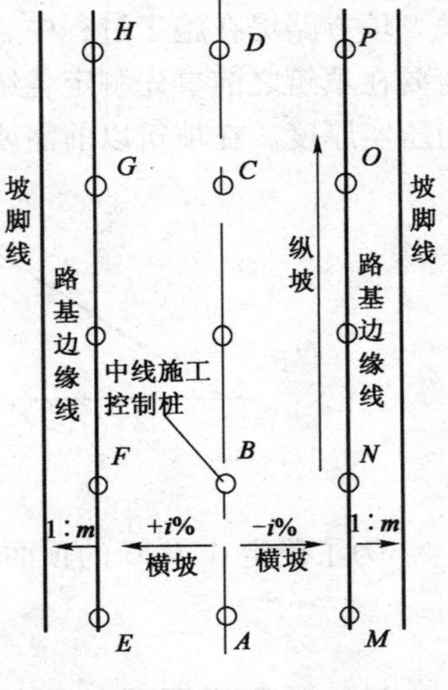

图 2-18　路基顶面中线施工控制桩

3)曲线段路基顶面的抄平

对于曲线段由于存在超高和加宽,计算要相对复杂一点。在路基设计表中曲线段的加宽和超高值已经给出,在进行放样时只需要直接引用即可。在计算路基边线上的施工检查点的高程和坐标时,为计算方便,一般是以与其对应的在同一个横断面方向上中线施工控制点的坐标和高程为基准。放样的方法同直线段。

4)路堤边坡与填高的掌握方法

(1)机械填土时,应按铺土厚度及边坡坡度保持每层间向内收缩一定的距离,并且不可按自然的堆土坡度向上填土,这样会造成超填而浪费土方;

(2)每填高 1m 左右或者填至距路肩 1m 时,要重新恢复中线、放样高程、放铺筑面边桩,并用石灰显示铺筑面边线的位置,并将标杆移至铺筑面边上;

(3)距离路肩 1m 以下的边坡,通常按设计宽度每侧多填 0.25m;距离路基 1m 以内的边坡,则按稍陡于设计坡度掌握,使路基面有足够的宽度,以便整修边坡时铲除超宽的松土层后,能保证路肩部分的压实度,如图 2-19 和图 2-20 所示。

图 2-19　路基顶面中线施工控制桩

图 2-20　路基顶面高程施工控制

学生实训　路基施工放样

在某道路中线测量中,线路从 K6 + 700 至 K6 + 980,已知交点 JD_{22} 的里程桩号是 K6 + 872.905,其坐标为(37 386.996,61 235.994),JD_{21} 坐标为(37 167.865,61 266.056),转角 α_Z =

18°00′11″，圆曲线半径 $R=300\mathrm{m}$，缓和曲线长采用 60m，路基宽度为 22m。

要求：试计算该道路上中桩点的坐标和路基坡顶边桩坐标（图 2-21）。

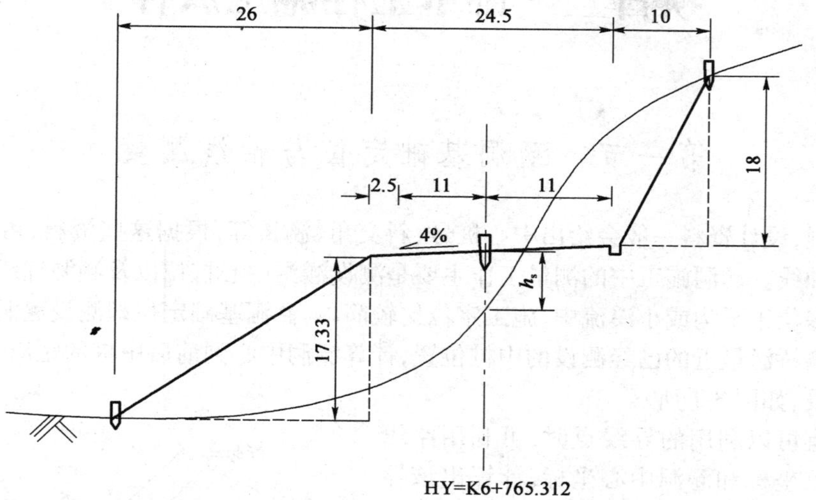

图 2-21　半填半挖路基断面图（尺寸单位：m）

项目三　排水工程施工放样

第一节　涵洞基础定位与轴线测量

对于涵洞,设计资料一般会给出中心桩号、斜交角、涵长等,根据这些资料,可以测设涵洞中心桩以及轴线。涵洞施工中的测量工作主要是测设涵洞中心桩位以及涵洞轴线方向。

涵洞大多位于干沟或小溪流中,施工定位比较简单,涵洞基础定位即测设涵洞中心桩。通常可以利用离桥涵最近的已经测设的中桩位置,计算涵洞中心到前后中桩的距离,采用直接丈量的方法测设,如图 3-1 所示。

当附近有可以利用的导线点时,可利用路线附近的导线点坐标和涵洞中心坐标,计算出该导线点到涵洞中心距离和夹角,采用极坐标的放样方法测设涵洞中心的位置。

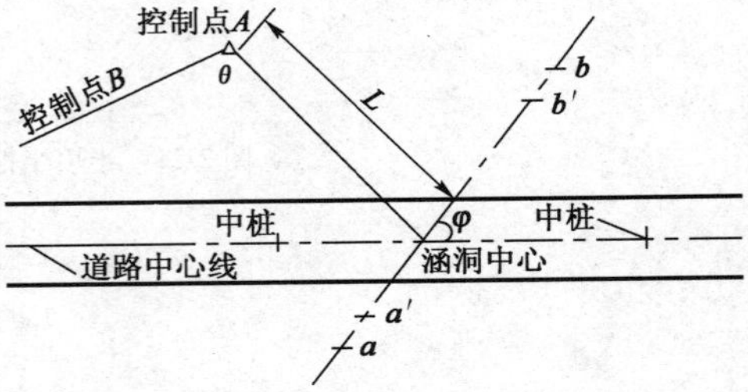

图 3-1　涵洞中心桩位及轴线测设

中心点具体放样方法如图 3-1 所示,将全站仪安置在导线点 A 上,后视导线点 B,然后将照准部旋转 θ 角,即为涵洞中心所在方向,在此方向上从 A 点开始量取水平距离 L,所得点就是要测设的涵洞中心位置。

根据涵洞轴线与路线方向是否垂直,涵洞分为正交涵洞与斜交涵洞。正交涵洞的轴线是垂直于路线中线的,而斜交涵洞的轴线是与路线中线前进方向的右侧成斜交角的直线。按路线前进方向与水流方向的右侧交角 θ,测出涵洞轴线方向如图 3-2 所示。

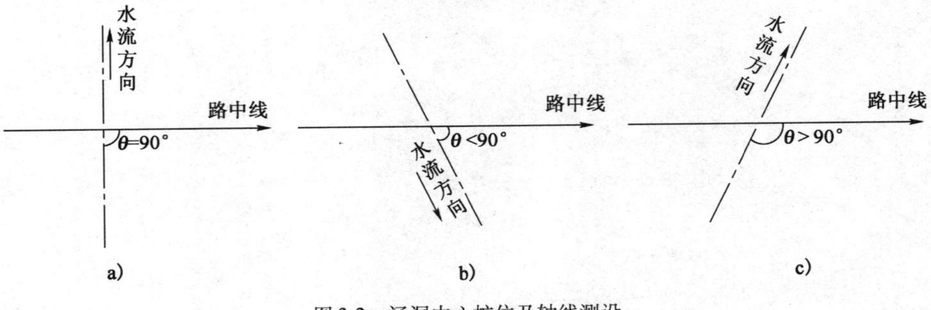

图 3-2　涵洞中心桩位及轴线测设

轴线放样:对于正交涵洞,在涵洞中心位置确定以后,将全站仪架设在涵洞中心桩处,后视路线方向,盘左、盘右旋转 90°(或 270°),取其平均位置,即为涵洞轴线方向。为了方便在施工过程中恢复轴线,一般在轴线方向设立护桩。

对于斜交涵洞,可将全站仪架设在涵洞中心桩处,后视路线方向,盘左、盘右旋转 θ(或 $180° - \theta$),取其平均位置,即为涵洞轴线方向。

如果附近有导线点可以利用,也可根据设计资料,确定轴线上某两点 a 和 b(即确定涵洞

中心沿轴线到 a 和 b 的距离，a、b 应在涵洞边线外侧）的坐标，然后可以用极坐标的方法测设 a 和 b 的实际位置。

第二节　涵洞基础定位坐标计算

1. 通道、涵洞或管涵构造物的施工放样点坐标计算

通涵的施工放样：图 3-3 所示的涵洞轴线桩号为 K5 + 200，算得其涵洞轴线与路基中线交点坐标为 (X_0, Y_0)，涵洞轴线与路基中线前进方向右夹角为 α，路基中线前进方向方位角为 A，此涵洞右幅长度为 C，左幅长度为 D，基础宽为 L，则此涵洞基础的 6 个测设基本点可通过以下算式而得：

$$X_1 = X_0 + L/(2\sin\alpha)\cos A \qquad Y_1 = Y_0 + L/(2\sin\alpha)\sin A$$

$$X_2 = X_0 + L/(2\sin\alpha)\cos(A - 180°) \qquad Y_2 = Y_0 + L/(2\sin\alpha)\sin(A - 180°)$$

$$X_3 = X_1 + C\cos(A + \alpha) \qquad Y_3 = Y_1 + C\sin(A + \alpha)$$

$$X_4 = X_2 + C\cos(A + \alpha) \qquad Y_4 = Y_2 + C\sin(A + \alpha)$$

$$X_5 = X_1 + D\cos(A + \alpha - 180°) \qquad Y_5 = Y_1 + D\sin(A + \alpha - 180°)$$

$$X_6 = X_2 + D\cos(A + \alpha - 180°) \qquad Y_6 = Y_2 + D\sin(A + \alpha - 180°)$$

由以上公式可知，(X_i, Y_i) 是关于 $F(X_0, Y_0, C, D, L, A, \alpha)$ 的一次函数，如果将上述公式输入电子表格或计算器中存储，则计算时只要直接调用并依次输入以上 7 个变量参数，则可非常快捷和方便地同时得到各点的坐标。

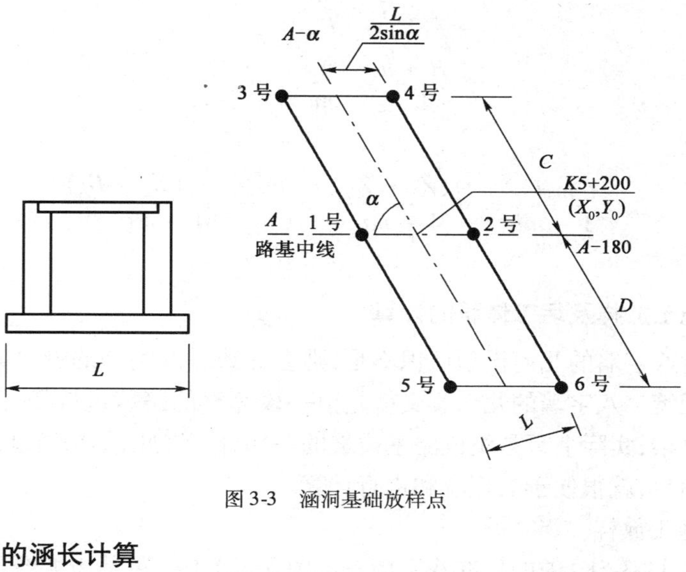

图 3-3　涵洞基础放样点

2. 通涵构造物的涵长计算

施工中经常遇到通道或管涵等构造物的位置偏移或增设新的通涵，因此要依据现场实际情况变更原有通涵设计的结构尺寸，或设计新的构造物。

构造物断面形式一般直接套用通用图就行了，所以对于施工方来说变更或设计的主要任务就是依现场流水高程、流水坡度及该处路基横断面设计来计算通涵构造物的涵长（图 3-4）。

说明：设路基边坡坡比为（1∶m），涵洞流水坡度为 i（下式中恒取正值），Z_1 为路肩设计高，Z_2 为路基中心处涵顶设计高，B 为半幅路基宽。

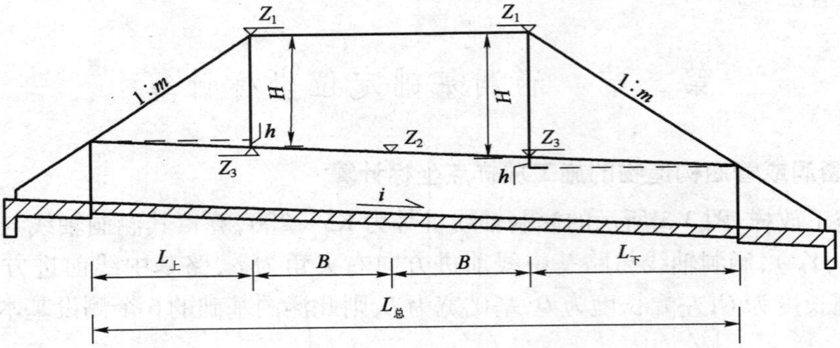

图 3-4　涵洞长度

对于上游：

$$i = \frac{h}{L_{上}} \tag{3-1}$$

$$\frac{H - h}{L_{上}} = \frac{1}{m} \tag{3-2}$$

联立两式可得

$$L = \frac{mH}{1 + mi} = \frac{m(Z_1 - Z_3)}{1 + mi} = \frac{m[Z_1 - (Z_2 + Bi)]}{1 + mi}$$

对于下游：

$$i = \frac{h}{L_{下}} \tag{3-3}$$

$$\frac{H + h}{L_{下}} = \frac{1}{m}$$

联立两式可得

$$L = \frac{mH}{1 - mi} = \frac{m(Z_1 - Z_3)}{1 - mi} = \frac{m[Z_1 - (Z_2 + Bi)]}{1 - mi} \tag{3-4}$$

3. 八字墙的施工放样及圬工体积的计算

若工程人员对八字墙的几何模型认识不足，则会导致对八字墙的测设放样和工程数量计算感到有些束手无策。八字墙的几何意义就是由一段完整的路基边坡经过三面切削而成，它的形状看似有些复杂，实际上只是组成路基边坡的一部分。因此，如果通过将八字墙还原为它被切削前的本来面目，就很便于去理解和进行计算。

1）八字墙的施工放样

由图 3-5 可知，图 3-5b）中的标准八字墙是由图 3-5a）中的路基边坡经三向切削而得到的剩余部分，其中 β 为翼墙偏角（本例属外偏角，对于斜交八字墙有可能向涵洞中线内偏），路基边坡坡比为 1：m，上、下墙高分别为 H、h，墙顶面墙厚为 a（墙顶面左右两平行线间的垂距），涵洞流水坡度为 i，墙截面左斜线坡比为 n：1。

建立图 3-5a）所示的坐标系，则由图 3-5b）中不难得到八字墙底面轮廓线 4 个顶点 0 号、1 号、2 号、3 号的坐标：

$$X_0 = 0 \qquad\qquad Y_0 = 0$$

$$X_1 = \frac{H}{n} + \frac{a}{\cos\beta} \qquad\qquad Y_1 = 0$$

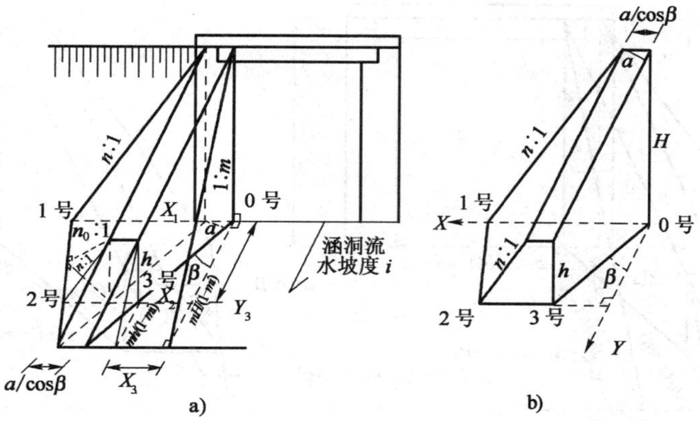

图 3-5　涵洞洞口八字墙

$$X_2 = \left[\frac{m(H-h)}{1-mi}\right]\tan\beta + \frac{h}{n} + \frac{a}{\cos\beta} \qquad\qquad Y_2 = \frac{m(H-h)}{1-mi}$$

$$X_3 = \left[\frac{m(H-h)}{1-mi}\right]\tan\beta \qquad\qquad Y_3 = \frac{m(H-h)}{1-mi}$$

注：其中上游八字墙 i 取负值，下游八字墙 i 取正值。

一般地，取墙背正向坡度 $n_0 = 3$，断面墙背斜线坡度 n 由下式反算而得（此方程是关于 n 的隐函数，不便于直接求解，可由 Excel 电子表格输入此公式经多次试算而得），一般设计已直接给出。

当 β 为外张角时：

$$n_0 = n\sqrt{\left(\tan\beta - \frac{1}{mn}\right)^2 + 1} \quad \text{（图示为外张角）} \tag{3-5}$$

当 β 为内张角时：

$$n_0 = n\sqrt{\left(\tan\beta + \frac{1}{mn}\right)^2 + 1} \quad \text{（当涵洞斜交时，有可能出现内张角的情况）} \tag{3-6}$$

注：(1) 以上两式上游时流水坡度 i 取负值，下游时 i 取正值。

(2) 以上两式仅为当 $i = 0$ 时的特殊情况，而一般八字墙流水坡度同涵洞，故其一般性通式应将上式中分子“1”修改为 $(1 - mi)$，且上游 i 取负值，下游 i 取正值。

因八字墙尺寸不大，且位于边坡底难于通视，用全站仪测设放样显得极不方便且通常没有必要，可在现场先依图 3-5b）建立施工坐标系，再根据上面的坐标公式计算八字墙底面四个顶点的坐标，最后根据坐标数据采用现场拉皮尺的方法将各点位置标出。

2）八字墙的圬工体积计算

八字墙圬工体积的正确计算与否对工程量清单复核、现场施工、工程预结算等工作都具有很大的意义；但由于其构造的不规则性，难于用常见的规则几何体积公式求解，一般人习惯用上下断面平均面积法或似棱体法进行近似计算，但此两种近似计算误差很大（特别是当上下墙的高差很大时），若采用积分法推导出求八字墙体积的一般通式，应用它能得到精确的结果，将给计算八字墙工程数量带来莫大的方便（图 3-6）。

八字墙圬工体积计算公式略证,其计算结果见表 3-1。

建立图 3-6 所示坐标系,则有 $h = \dfrac{X(1-mi)}{m}$,则

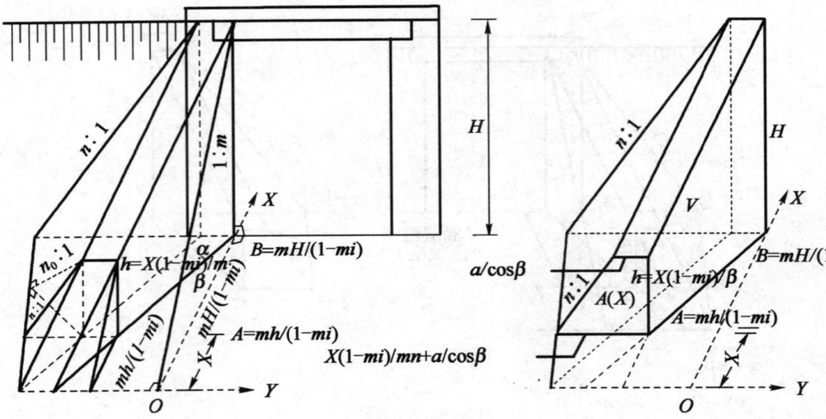

图 3-6　涵洞洞口八字墙体积

$$A(X) = \frac{\left[\dfrac{X(1-mi)}{mn} + \dfrac{2a}{\cos\beta}\right]}{2} \times \frac{X(1-mi)}{m} = aX\frac{(1-mi)}{m\cos\beta} + \frac{X^2(1-mi)^2}{2m^2 n} \tag{3-7}$$

$$\begin{aligned} V &= \int_A^B A(X)\,\mathrm{d}X = \int_A^B \left(aX\frac{(1-mi)}{m\cos\beta} + \frac{X^2(1-mi)^2}{2m^2 n}\right)\mathrm{d}X \\ &= \left[\frac{aX^2(1-mi)}{2m\cos\beta} + \frac{X^3(1-mi)^2}{6m^2 n}\right] \times \left[\frac{mH}{(1-mi)} - \frac{mh}{(1-mi)}\right] \\ &= \frac{ma(H^2-h^2)}{[2(1-mi)\cos\beta]} + \frac{m(H^3-h^3)}{6(1-mi)n} \end{aligned} \tag{3-8}$$

注:其中 i 值上游取负值,下游取正值。

八字墙的圬工体积　　表 3-1

桩　　号	K60 +000	
挡墙设计参数	上游	下游
路基边坡坡比(1 : m)	m = 1.500	m = 1.500
翼墙上口高 H(m)	10.000	10.000
流水坡度 i	-0.050	0.050
翼墙下口高 h(m)	0.400	0.400
翼墙顶厚 a(m)	0.500	0.500
断面斜线坡比 n : 1	n = 2.852	n = 2.824
墙背正向坡度 n	3.000	3.000
翼墙内张角 β(°)	30.000	30.000
圬工体积(m^3)	121.753	142.436

第三节　管涵结构物施工放样案例

已知:湖南省湘潭至耒阳高速公路项目某合同段,路线某弯道上设置一圆管涵洞,弯道交点 JD_5 里程桩号为 K1 + 965.627,JD_5 坐标为(24 961.908,84 536.386),路线右转角为

24°28′37″。曲线要素：设计半径 $R=550$，缓和曲线长度 $L_s=115$m，切线长 $T=176.997$m，曲线长度 $L=349.962$m，外距 $E=13.82$m，如图 3-7 所示。

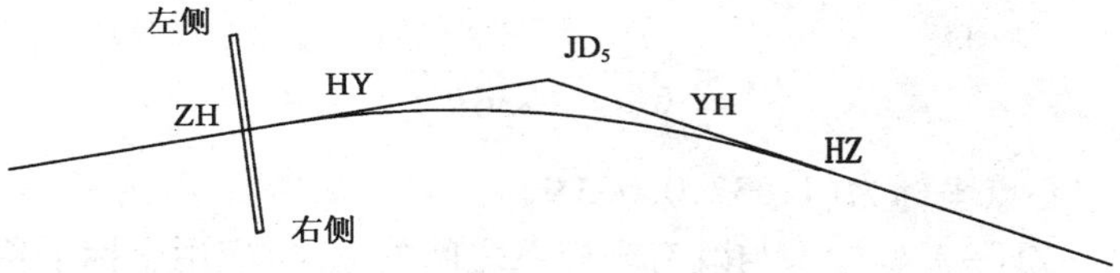

图 3-7 路线弯道中线示意图

1. 弯道上圆涵洞中心位置坐标计算

经过计算该圆曲线的主点里程桩号与坐标如下：

ZH 点（24,889.578,84,374.842），里程为 K1 +788.63；

HY 点（24,932.867,84,481.324），里程为 K1 +903.63；

YH 点（24,957.517,84,598.483），里程为 K2 +23.592；

HZ 点（24,960.865,84,713.38），里程为 K2 +138.592。

同样，经过对每一条边方位角计算，得到各个线段的方位角计算结果如下：

JD_4与 ZH 点连线的坐标方位角为 65°52′48″；

ZH 与 HY 点连线的坐标方位角为 71°52′12″；

HY 与 YH 点连线的坐标方位角为 84°22′01″；

YH 与 HZ 点连线的坐标方位角为 90°21′25″。

在该弯道上，有一正交圆管涵桩号为 K1 +800 处，侧面图和纵剖面图，如图 3-8 和图 3-9 所示。

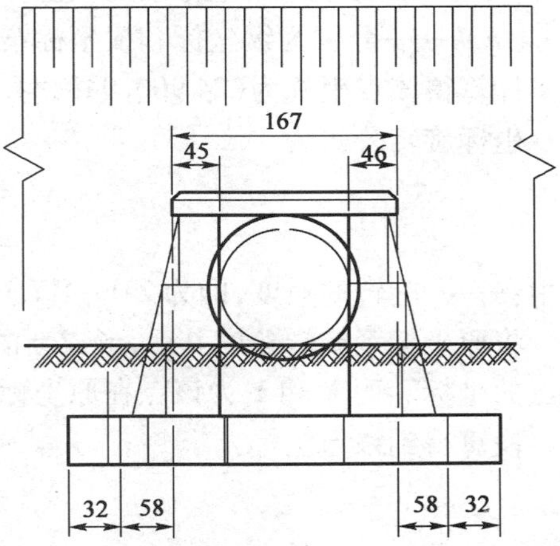

图 3-8 洞口侧面图（尺寸单位：cm）

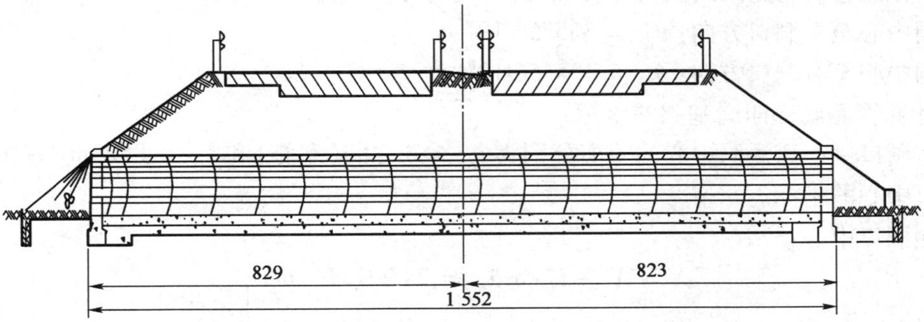

图 3-9 涵洞纵剖面图（尺寸单位：cm）

1）计算该涵洞施工放样时的中心位置坐标

计算圆管涵位于道路中线上 K1 +800 处的坐标，该点即为圆管涵中心坐标。K1 +800 桩号在该曲线的第一缓和曲线上。

第一步：计算该点在 $X-ZH-Y$ 坐标系下的坐标，根据缓和曲线的坐标计算公式：

$$l_A=(\text{K1}+800)-(\text{K1}+788.63)=11.37(\text{m})$$

$$\left.\begin{aligned} X_A &= l_A - \frac{l_A^5}{40R^2 l_s^2} \\ Y_A &= \frac{l_A^3}{6Rl_s} - \frac{l_A^7}{336R^3 l_s^3} \end{aligned}\right\} \tag{3-9}$$

计算得圆管涵中心点坐标为(11.37,0.003 9)。

第二步:根据 $X-ZH-Y$ 坐标系与既有坐标系之间的关系,应用坐标平移、旋转公式,将坐标转换到既有坐标系 $X-0-Y$ 下。

坐标平移公式为

$$\left.\begin{aligned} X &= X' + h \\ Y &= Y' + k \end{aligned}\right\} \tag{3-10}$$

式中:X,Y——分别为原坐标系的纵坐标和横坐标;

X',Y'——分别为新坐标系的纵坐标和横坐标;

h,k——分别为纵坐标和横坐标增加值。

计算得该点坐标为(24 900.948,84 374.846)。

坐标旋转公式为

$$X' = X\cos\theta + Y\sin\theta \tag{3-11}$$

$$Y' = X\sin\theta + Y\cos\theta \tag{3-12}$$

式中:θ——旋转的角度,即为 ZH－HY 边的坐标方位角。

将原坐标系旋转角度 θ 后,形成新的坐标系,该点方向角为 65°56′19″,X'和 Y'为新坐标系下点的坐标。而 X 和 Y 为该点在原坐标系下的坐标。

换算得到该点坐标:

$$\left.\begin{aligned} X' &= X\cos\theta + Y\sin\theta = 24\,894.221(\text{m}) \\ Y' &= X\sin\theta + Y\cos\theta = 84\,385.221(\text{m}) \end{aligned}\right\}$$

由于该圆管涵与路中线正交,所以涵洞中线的方向角为

涵洞中心至左洞口方向:$\theta_{左} = 335°56'19''$

涵洞中心至右洞口方向:$\theta_{右} = 155°56'19''$

2)计算管涵底部四周基础的坐标

根据洞口中心离涵洞中心的距离分别为 $l_{左} = 8.29$m(左侧)和 $l_{右} = 8.23$m(右侧),即可求出洞口中心的坐标。

左侧洞口中心:

$$\left.\begin{aligned} X &= X' + l_{左}\cos\theta_{左} = 24\,901.79(\text{m}) \\ Y &= Y' + l_{左}\sin\theta_{左} = 84\,381.841(\text{m}) \end{aligned}\right\}$$

右侧洞口中心:

$$\left.\begin{aligned} X &= X' + l_{右}\cos\theta_{右} = 24\,886.706(\text{m}) \\ Y &= Y' + l_{右}\sin\theta_{右} = 84\,388.576(\text{m}) \end{aligned}\right\}$$

2. 圆管涵洞位置详细施工放样步骤

(1) 圆管涵中心原地面平面位置的确定(图 3-10)。

(2)圆管涵基础的地面开挖(图 3-11)。

(3)圆管涵基础底部的平面位置检测(图 3-12)。

图 3-10　管涵开挖地面中心位置

图 3-11　管涵基础地面开挖

(4)圆管涵基础底部的中心高程检测(图 3-13)。

图 3-12　管涵基础底部平面地面检测

图 3-13　管涵基础底部高程检测

(5) 圆管涵基础底部的处理(图 3-14)。

图 3-14　管涵基础底部软基处理

(6)圆管涵吊装就位(图 3-15)。

图 3-15　管涵吊装就位

(7)圆管涵管节处理(图 3-16)。

图 3-16　管涵管节沥青油毛毡处理

(8)圆管涵的管节沥青麻絮处理(图 3-17)。

(9)圆管涵的管节竣工验收(图 3-18)。

图 3-17　管涵两侧土的回填

图 3-18　管涵竣工验收

第四节　通道结构物施工放样案例

已知某高速公路上一斜交钢筋混凝土盖板通道，里程桩号 K2 +524，该通道位于弯道 JD_2 上，弯道的交点坐标为(24 958.079,85 151.073)，里程桩号为 K2 +576.296，曲线路线转角为 $\alpha = 22°58'03''$(左转)，曲线半径 $R = 500m$，缓和曲线长 $L_s = 153m$，切线长 $T = 239.25m$，曲线长 $L = 473.687m$，外距 $E = 17.59m$。

根据公式计算该曲线主点桩的坐标与里程如下：

ZH 点(24 959.569,84 911.823)，里程为 K2 +337.046；

HY 点(24 963.491,85 064.715)，里程为 K2 +490.046；

YH 点(24 995.792,85 228.949)，里程为 K2 +657.733；

HZ 点(25 050.062,85 371.934)，里程为 K2 +810.733。

各个线段的方位角计算结果如下：

JD_1 与 ZH 点连线的坐标方位角为 90°21′25；

ZH 与 HY 点连线的坐标方位角为 84°52′41″；

HY 与 YH 点连线的坐标方位角为 72°52′06″；

YH 与 HZ 点连线的坐标方位角为 67°23′22″。

1. 弯道上通道中心位置坐标计算

通道中线与路中线成 50°夹角，通道位置见图 3-19，通道的纵断面、平面与侧面如图 3-20 ~ 图 3-22 所示。

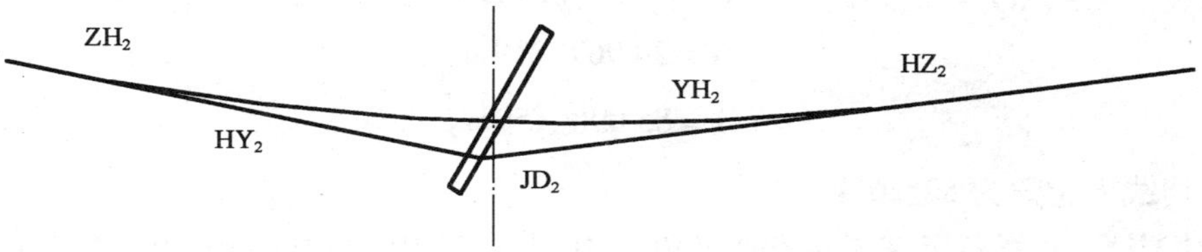

图 3-19　道位置示意图

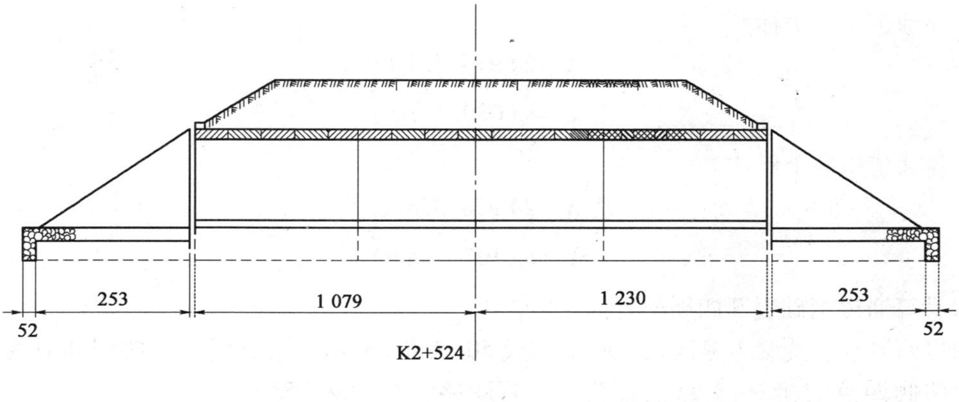

图 3-20　通道纵断面图(尺寸单位:cm)

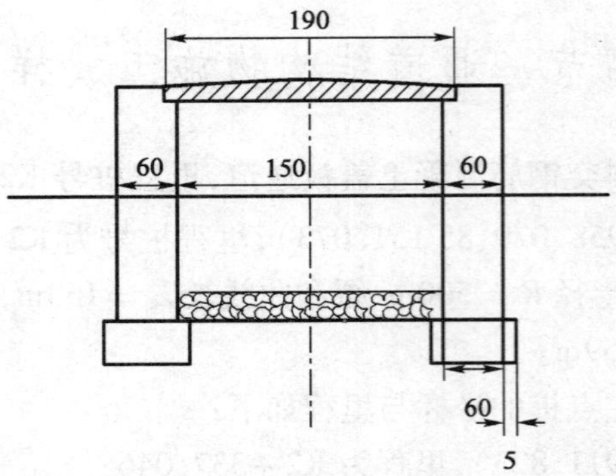

图 3-21　通道侧面图(尺寸单位:cm)

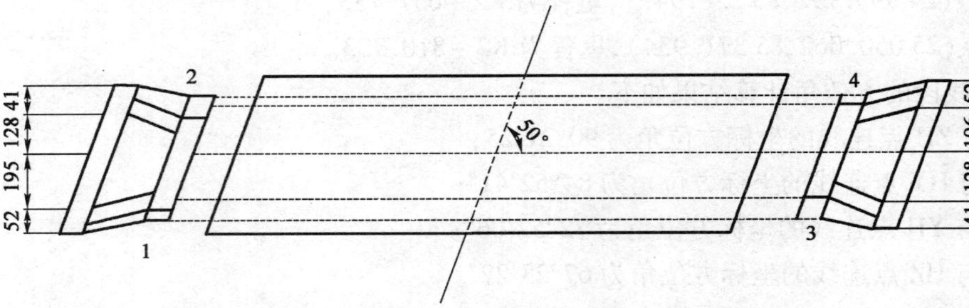

图 3-22　通道平面图(尺寸单位:cm)

1)计算通道的中心位置的坐标

(1)该通道位于 JD_2中的圆曲线上,根据其 HY 点的曲线长度计算出该点与 HY 点连线的方向角以及该点到 HY 点的距离。同上例,可根据 HY 点坐标计算出通道中心点坐标:

$$\left.\begin{aligned}X&=24\,967.239\text{m}\\Y&=85\,098.459\text{m}\end{aligned}\right\}$$

该点切线方位角为 82°26′46.6″。

(2)该通道与路线斜交,右侧与路线夹角为 50°,可以推出涵洞中心线的方向角为 132°26′46.6″,再根据左、右两侧洞口中心距离,$l_{左}$ = 10.79m(左侧)和 $l_{右}$ = 12.3m(右侧)可计算出两侧洞口中心坐标。

左侧通道中心坐标:

$$\left.\begin{aligned}X&=24\,974.521\text{m}\\Y&=85\,090.497\text{m}\end{aligned}\right\}$$

右侧通道中心坐标:

$$\left.\begin{aligned}X&=24\,958.938\text{m}\\Y&=85\,107.535\text{m}\end{aligned}\right\}$$

2)计算通道基础底部四周的坐标

洞口两侧八字翼墙边缘连线与洞中线成 50°夹角,根据八字翼墙边缘两侧到中线的距离可求出两侧四点的坐标:1 点坐标为(24 973.488,85 089.553);2 点坐标为(24 975.554,85 091.441);3 点坐标为(24 957.905,85 106.591);4 点坐标为(24 959.971,85 108.479)。

2. 通道位置详细施工放样步骤

（1）通道位置基坑放样（图 3-23 和图 3-24）。

图 3-23　通道基础处理图

图 3-24　通道洞身竣工图

（2）竣工通道（图 3-25）。

图 3-25　通道进出口竣工图

学生实训　盖板涵工程施工放样

在湖南省内衡永一级公路上 K10 + 240 处设有盖板涵一座，与路线正交。已知 K10 + 240 位于 JD_{10} － JD_{11} 的直线段上，JD_{10} 的坐标为（4 048 029.185，492 849.949），里程为 K10 + 55.198，JD_{11} 的坐标为（4 048 427，492 904.000），里程为 K10 + 453.227。

要求：试根据纵剖面图（图 3-26）、平面图（图 3-27）和断面图（图 3-28）中所标注的各尺寸，计算该座盖板涵的基础放样数据。

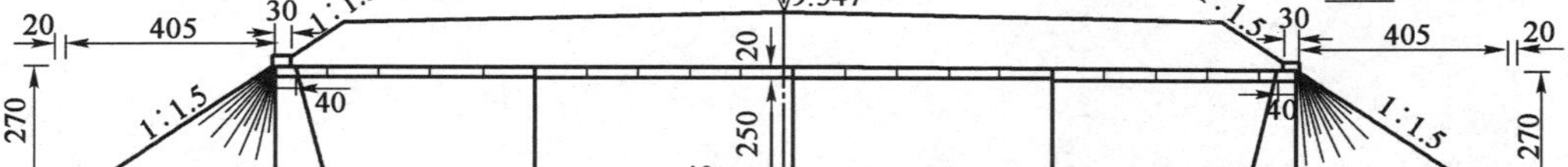

图 3-26　K10 + 240 处盖板涵纵剖面图（尺寸单位：cm）

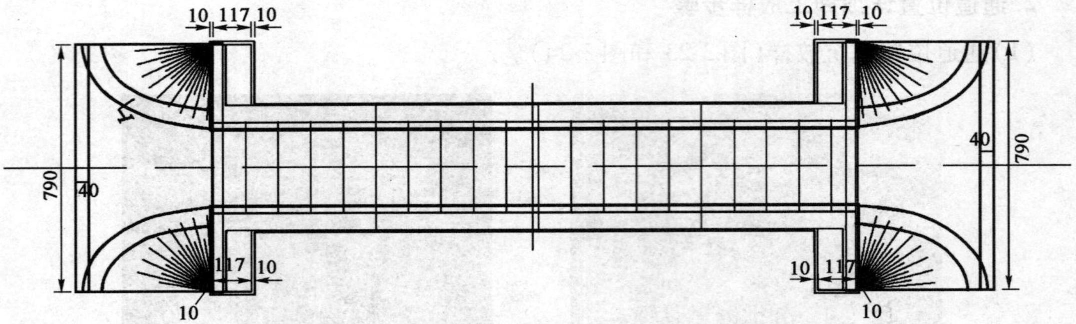

图 3-27　K10 + 240 处盖板涵平面图(尺寸单位:cm)

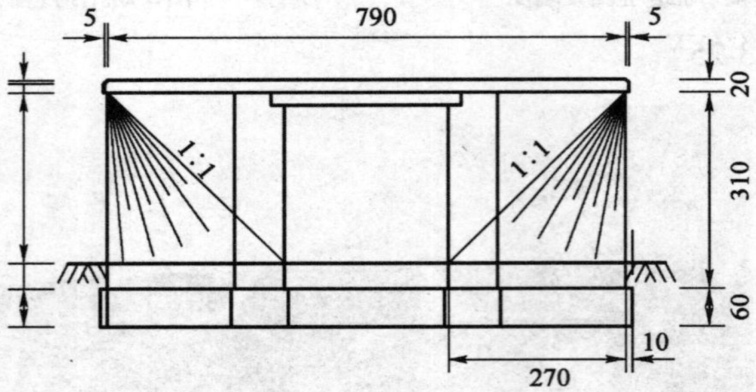

图 3-28　K10 + 240 处盖板涵断面图(尺寸单位:cm)

项目四　防护工程施工放样

第一节　防护工程放样步骤

在公路工程施工中，由于地形复杂，地貌起伏比较大，征地界线、护坡、边坡、排水沟位置比较难以确定，以往施工放样难度大，而且费时、费工、费力，控制的精度比较低，影响工程的质量和进度，造成很多不必要的返工和损失。因此，应找出一种精确快捷的测量方法来保证工程的正常施工。下面就公路施工中边坡、护坡等防护工程的施工放样进行介绍。

1. 施工放样步骤

公路工程施工中，防护工程的方式有两种：一种是填方段的防护工程，通常设计有路肩石、防护栏、边坡、护坡道、隔离栅等；另一种是挖方段的防护工程，通常设计有路肩石、防撞护栏、护坡道或绿化种植带、护坡（挡土墙）、隔离栅等，这两种防护工程难度比较大，很难达到标准施工设计之目的。其具体施工测量步骤如下：

（1）首先把道路中心里程桩放样出来；

（2）根据图纸防护工程的设计与实地地形地貌对照确定出横断面的里程桩；

（3）用水准仪测出护坡（边坡）坡角地形起伏较大点的高程；

（4）根据图纸上设计路面宽度、护坡（边坡）的坡比计算坡脚至路测设中心线的水平距离；

（5）以道路测设中心点的坐标计算出90°交角的坐标方位角；

（6）有道路测设中心点的坐标至坡脚水平距离和坐标方位角，可根据极坐标换算直角坐标的公式计算出坡脚点的放样点坐标来，并可以确定计算出所有的放样点坐标，即防护工程、征地界等；

（7）根据计算出的坐标，按照里程顺序统一编号输入到全站仪中，即可实施放样工作。

2. 施工放样复核

为了避免在施工放样中发生较大的误差，也为了保证放样的质量，对于已放好的防护工作，必须组织有关人员进行测量、放样复核工作。

复核工作包括以下两方面的内容：

（1）现场坐标放样复核；

（2）放样内业资料复核，复核的误差值必须符合要求。

测量规范要求：放样复核步骤与施工放样步骤一致，但可以用抽检的形式来完成放样复核工作，放样抽检工作必须认真独立完成才有效果。

此放样方法简便易懂，容易接受，并且在施工放样过程中，放样准确、快捷，能够很好地控制工程的质量。

第二节　路基防护工程施工放样案例

【案例一】　路基下防护挡土墙

湖南省某高速公路第五合同段上，设置有一下防护工程浸水挡土墙（图4-1），其起始桩号为:K1 +927 ~ K1 +998,该挡土墙位于路线的左侧,挡墙位于 JD_1 弯道上。已知 JD_1 平曲线的坐标和里程为桩号:JD_1(24 961.908,84 536.386),里程为 K1 +965.627,起点与 ZH 点直线方位角为 65°52′48″。路线转角为 $\alpha = 24°28'37''$,设计的曲线半径为 $R = 550\text{m}$,缓和曲线长度为 $L_s = 115\text{m}$。防护挡土墙设计资料图 4-2 ~ 图 4-5。

图 4-1　路基下防护挡土墙

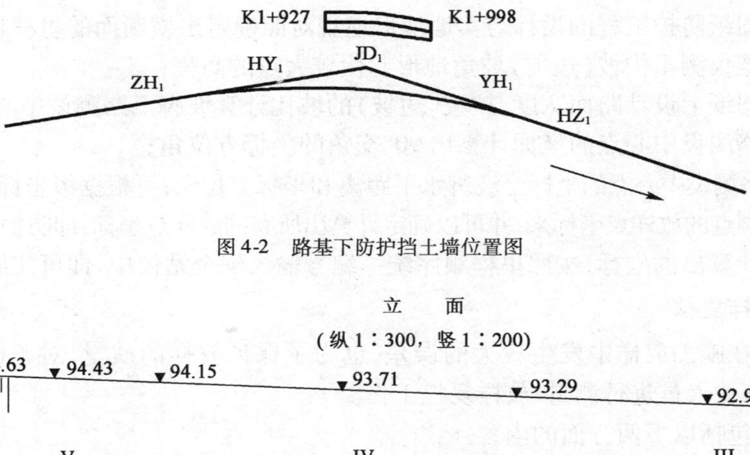

图 4-2　路基下防护挡土墙位置图

立　面

(纵 1∶300,竖 1∶200)

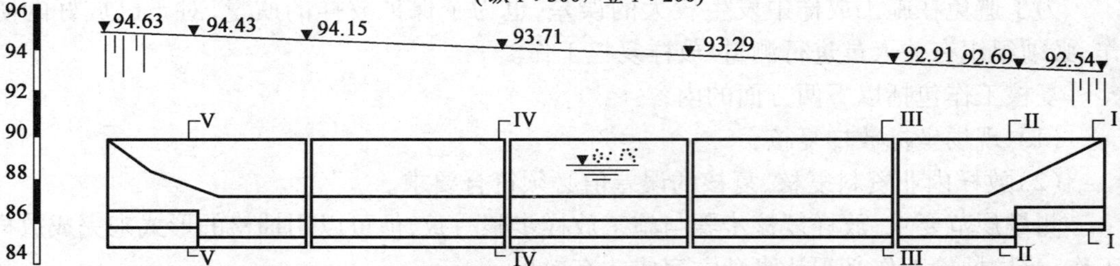

线路里程	K1 +998.00	K1 +992.00		K1 +984.00		K1 +970.00		K1 +956.00		K1 +942.00		K1 +933.00		K1 +927.00
墙顶高程 (m)	89.80	89.80	89.80	89.80	89.80	89.80	89.80	89.80	89.80	89.80	89.80	89.80	89.80	89.80
墙趾高程 (m)	85.82	85.82	85.22	85.22	85.22	85.22	85.22	85.22	85.22	85.22	85.22	85.22	85.82	85.82
墙踵高程 (m)	84.85	84.85	84.85	84.85	84.85	84.86	84.86	84.86	84.86	84.86	84.87	84.87	85.47	85.47
S(m)	14.73	14.42	14.57	14.42	14.16	13.55	13.55	12.92	12.92	12.35	12.35	12.07	11.69	11.69

图 4-3　路基下防护挡土墙纵断面图

1. 原始曲线资料的计算

切线长 $T=176.997\text{m}$,曲线总长 $L=349.962\text{m}$,外距 $E=13.82\text{m}$。

ZH 点(24 889.578,84 374.842),里程为 K1 +788.63;

HY 点(24 932.867,84 481.324),里程为 K1 +903.63;

YH 点(24 957.517,84 598.483),里程为 K2 +23.592;

HZ 点(24 960.865,84 713.38),里程为 K2 +138.592。

起点与 ZH 点连线的坐标方位角为 65°52′48″;

ZH 与 HY 点连线的坐标方位角为 71°52′12″;

HY 与 YH 点连线的坐标方位角为 84°22′01″;

YH 与 HZ 点连线的坐标方位角为 90°21′25″。

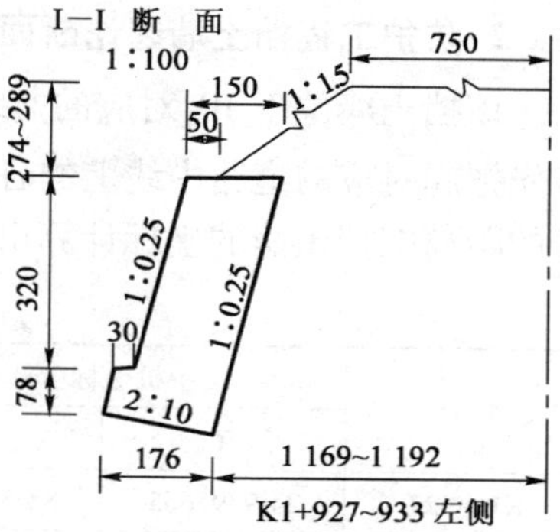

图 4-4 路基下防护挡土墙 I—I 断面图(尺寸单位:cm)

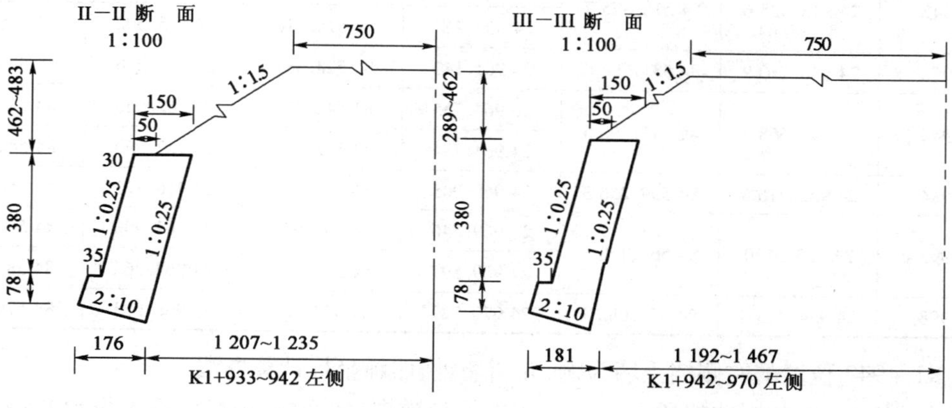

图 4-5 路基下防护挡土墙 II—II 和 III—III 断面图(尺寸单位:cm)

根据设计图纸 K1 +927 ~ K1 +998,可以计算可以得出挡土墙中心桩至基础地面墙趾、墙踵的距离,见表 4-1。

挡土墙中心桩距墙趾、墙踵距离 表 4-1

桩号	墙趾距中线距离(m)	挡土墙基础底宽度(m)	墙踵距中线距离(m)
K1 +927	13.45	1.76	11.69
K1 +933	13.68	1.76	11.92
	13.83	1.76	12.07
K1 +942	14.11	1.76	12.35
	14.16	1.81	12.35
K1 +956	14.73	1.81	12.92
K1 +970	15.36	1.81	13.55
	15.41	1.86	13.55
K1 +984	16.02	1.86	14.16
K1 +992	16.43	1.86	14.57
	16.28	1.86	14.42
K1 +998	16.59	1.86	14.73

2. 防护工程挡土墙起讫断面坐标计算

该挡土墙位于 JD_1 对应的曲线上，要计算起始断面和终止断面的墙趾、墙踵的坐标，必须首先把起对应的道路中线上的各里程点的坐标计算出来，然后根据该断面的墙趾、墙踵到路中线的距离把挡土墙的坐标计算出来(表 4-2)。

表 4-2

挡墙断面放样坐标汇总

桩号	中桩坐标(m)		墙趾坐标(m)		墙踵坐标(m)	
	X	Y	X	Y	X	Y
K1 +927	24 939.665	84 503.681	24 952.613	84 500.042	24 958.918	84 500.520
K1 +933	24 941.256 8	84 509.466 5	24 954.466	84 505.910	24 952.767	84 506.367
			24 954.611	84 505.871	24 952.911	84 506.328
K1 +942	24 943.525 6	84 518.175 7	24 957.208	84 514.730	24 955.502	84 515.160
			24 957.257	84 514.718	24 955.502	84 515.160
K1 +956	24 946.770 9	84 531.794 0	24 961.142	84 528.561	24 959.376	84 528.953
K1 +970	24 949.668 5	84 545.490 5	24 964.735	84 542.503	24 362.960	84 542.855
			24 964.784	84 542.493	24 962.960	84 542.855
K1 +984	24 952.216 5	84 559.256 3	24 968.005	84 556.540	24 966.172	84 556.856
K1 +992	24 953.5150	84 567.150 1	24 969.746	84 564.601	24 967.908	84 564.889
			24 969.597	84 564.624	24 967.760	84 584.913
K1 +998	24 954.413 4	84 573.082 4	24 970.829	84 570.687	24 968.988	84 570.955

以 K1 +942 位置的左侧挡土墙为例，介绍墙趾、墙踵坐标计算方法。

该桩号位于 JD_1 的圆曲线段上，根据 JD_1 的设计数据，使用电算软件，不难得到 K1 +942 的中心点平面坐标为(24 943.525，84 518.175)，计算该点的切线方位角为 75°52′01.8″。

由表 4-1 所列的墙趾、墙踵距离道路中线距离可知，在 K1 +942 处有两种不同的挡土墙(即两种挡土墙高度在此处有变化)，其中后段挡土墙墙趾距离道路中线 14.11m，墙踵距离道路中线 12.35m，前段挡土墙墙趾距离道路中线 14.16m，墙踵距离道路中线 12.35m，方向与经过该点的切线垂直。

使用坐标计算公式，采用上述相关数据即可得墙趾、墙踵的平面坐标。

$$\left.\begin{aligned} X_C &= X_A - d_2\cos(\alpha+\beta) \\ Y_C &= Y_A - d_2\sin(\alpha+\beta) \end{aligned}\right\} \tag{4-1}$$

式中：X_A、Y_A——道路中线点平面坐标；

X_C，Y_C——墙趾、墙踵的平面坐标；

d_2——墙趾、墙踵距离中桩距离；

α——中桩切线方位角；

β——墙趾、墙踵与中桩切线方位角夹角。

将数据带入，得 K1 +942 位置的左侧挡土墙后段的墙趾坐标为

$$\left.\begin{aligned} X_C &= 24\,943.525 - 14.11\cos(75°52'02'' + 90°) \\ Y_C &= 84\,518.175 - 14.11\sin(75°52'02'' + 90°) \end{aligned}\right\} \Rightarrow \left.\begin{aligned} X_C &= 24\,957.208(\text{m}) \\ Y_C &= 84\,514.730(\text{m}) \end{aligned}\right\}$$

K1 +942 位置的左侧挡土墙后段的墙踵坐标为

$$\left.\begin{aligned}X_C &= 24\ 943.525 - 12.35\cos(75°52'02'' + 90°)\\ Y_C &= 84\ 518.175 - 12.35\sin(75°52'02'' + 90°)\end{aligned}\right\} \Rightarrow \left.\begin{aligned}X_C &= 24\ 949.861(\mathrm{m})\\ Y_C &= 84\ 507.574(\mathrm{m})\end{aligned}\right\}$$

K1 +942 位置的左侧挡土墙前段的墙趾坐标为

$$\left.\begin{aligned}X_C &= 24\ 943.525 - 14.16 \times \cos(75°52'02'' + 90°)\\ Y_C &= 84\ 518.175 - 14.16\sin(75°52'02'' + 90°)\end{aligned}\right\} \Rightarrow \left.\begin{aligned}X_C &= 24\ 957.790(\mathrm{m})\\ Y_C &= 84\ 514.021(\mathrm{m})\end{aligned}\right\}$$

【案例二】 路基上防护挡土墙

在某高速公路左侧,设置有一上防护路堑挡土墙(图4-6),里程桩号为K2 +132 ~ K2 +151,该挡土墙位于弯道交点 JD_2 上,其对应的曲线资料为:JD_2 的里程桩号为K2 +576.296,曲线路线转角为22°58′03″,曲线半径 $R=500\mathrm{m}$,缓和曲线 $L_s=153\mathrm{m}$,切线长 $T=239.25\mathrm{m}$,曲线总长 $L=473.687\mathrm{m}$,外距 $E=17.59\mathrm{m}$。

图4-6 路基上防护挡土墙

1. 原始曲线资料的计算

JD_2(24 958.079,85 151.073)里程为K2 +576.296;

ZH(24 959.569,84 911.823)里程为K2 +337.046;

HY(24 963.491,85 064.715)里程为K2 +490.046;

YH(24 995.792,85 228.949)里程为K2 +657.733;

HZ(25 050.062,85 371.934)里程为K2 +810.733。

JD_1 与ZH点连线的坐标方位角为90°21′25″;

ZH与HY点连线的坐标方位角为84°52′41″;

HY与YH点连线的坐标方位角为72°52′06″;

YH与HZ点的坐标方位角为67°23′22″。

里程桩号K2 +132 ~ K2 +151上防护挡土墙横断面设计图如图4-7所示,纵断面设计图如图4-8所示,防护挡土墙的标准断面设计图如图4-9所示。

2. 防护工程挡土墙起讫断面坐标计算

K2 +132位于 JD_1 处第二段缓和曲线上,所以先根据YH点坐标计算出该点坐标(24 960.846,84 706.788),该处墙趾距路中线13.6m,所以墙趾坐标为(24 974.474,84 701.859),墙踵距路中线15.08m,所以该点坐标为(24 975.954,84 701.866)。

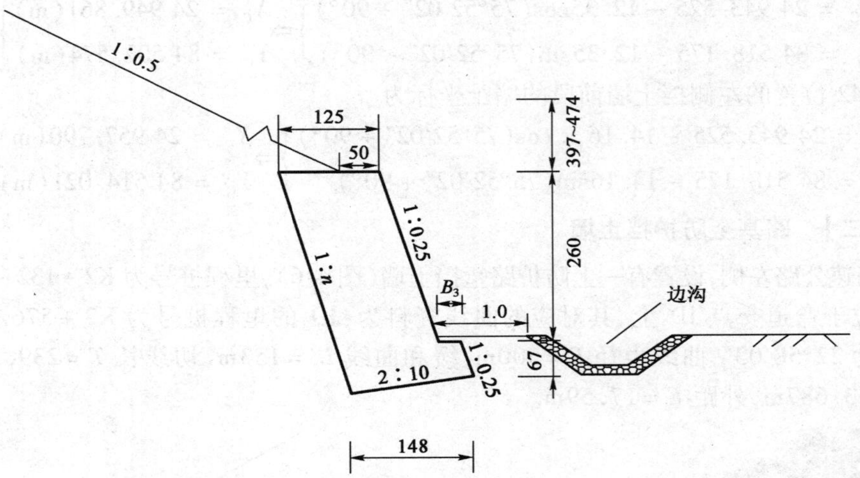

图 4-7　路堑上防护挡土墙断面结构设计图（尺寸单位：cm）

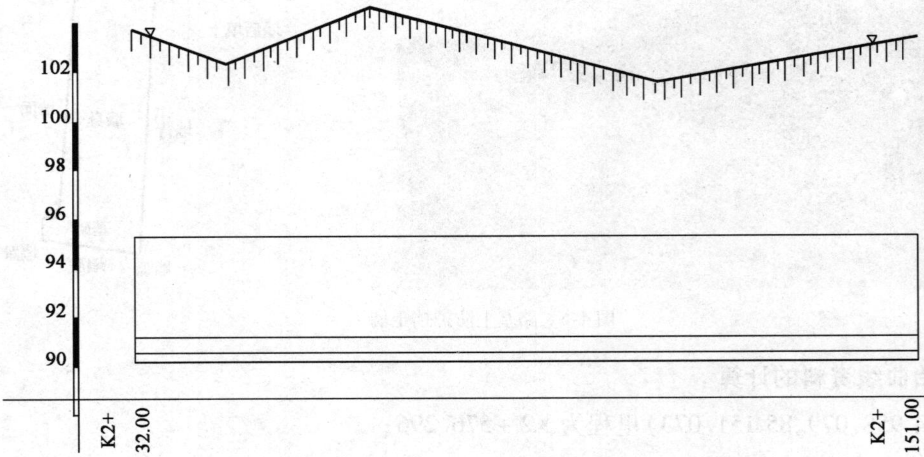

图 4-8　路堑上防护挡土墙纵断面设计图

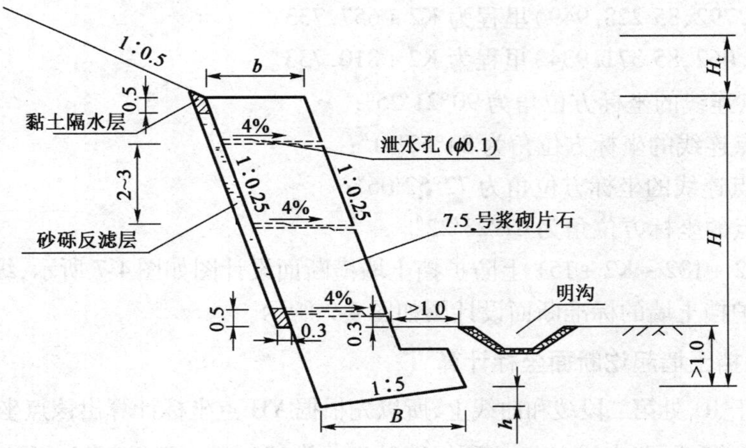

图 4-9　路堑上防护挡土墙标准断面设计图（尺寸单位：m）

K2 +151 位于 JD_1 和 JD_2 之间的直线段之中，所以该点坐标可以根据 JD_1 对应的 HZ 点坐标，该直线段的方位角以及 K2 +151 到 HZ 点的距离计算出来。

K2 +151 处坐标为(24 960.728,84 725.788)。

【案例三】 衡重式挡土墙施工放样

已知某高速公路设置衡重式挡土墙，桩号为 K6 +210 ~ K6 +245，位于某路段 JD_8 处，JD_8 里程为 K6 +490.25，平面坐标为(286 890.074，474 134.969)，后直线段方位角为 FW =236°05′34″，路线偏角为 α =34 °36 ′48″，半径 R =550m，非对称型平曲线，L_{s1} =160m，L_{s2} =140m。该挡土墙共 7 段(每隔 5m 一段)，墙高分别为 4、7、9、10、11、8、5(m)，沉降缝设置为 3 处，分别在 +220、+230、+240 处(每隔 10m 一处)，标准横断面见图 4-10，断面尺寸表见表 4-3，立面图见图 4-11。下面以 K6 +231 横断面为例(图 4-12)计算其施工放样的坐标。

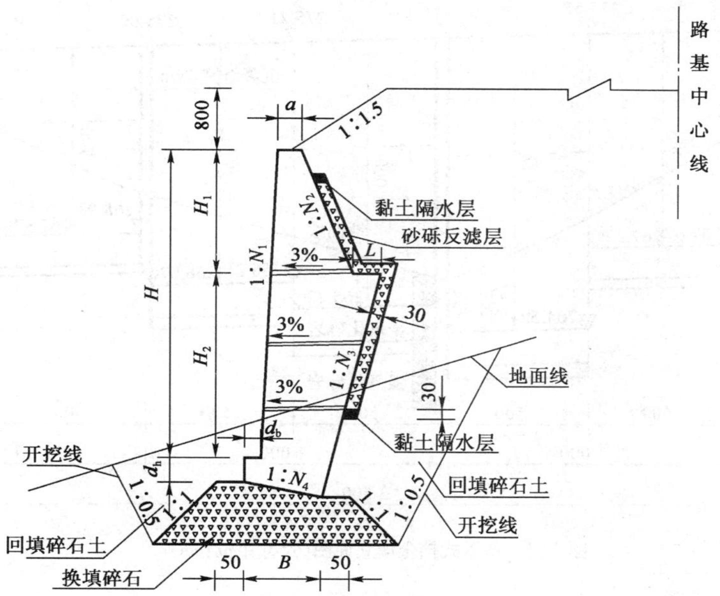

图 4-10 路堤挡土墙断面图(尺寸单位:cm)

衡重式挡土墙主要尺寸 表 4-3

截面尺寸(cm)								N_1	N_2	N_3	N_4	截面积(m/m^2)
H	H_1	H_2	a	L	d_b	d_h	B					
300	120	180	65	70	40	60	147	0.05	0.4	0.25	10	
400	160	240	100	9	40	80	203	0.05	0.4	0.25	10	8.94
500	200	400	110	100	40	60	248	0.05	0.45	0.25	10	13.29
600	240	360	130	100	60	90	402	0.05	0.45	0.25	10	18.60
700	280	420	140	100	80	120	340	0.05	0.45	0.25	10	24.04
800	320	480	160	120	80	120	361	0.05	0.45	0.25	10	29.98
900	360	540	180	150	80	120	408	0.05	0.45	0.25	10	37.83
1 000	400	600	200	160	90	130	482	0.05	0.45	0.25	10	49.18
1 100	440	660	220	190	90	130	519	0.05	0.45	0.25	10	58.22

1. 挡土墙基础放样坐标及高程的计算

挡土墙基础放样坐标关键是计算其特征断面处(墙高变化处、设置沉降缝处)基础底面墙踵、墙趾的放样坐标及设计高程。从图4-11可知,K6+231横断面挡土墙墙高为1 100cm,查表4-3,得到该挡土墙的详细尺寸数据,如图4-12标注所示。

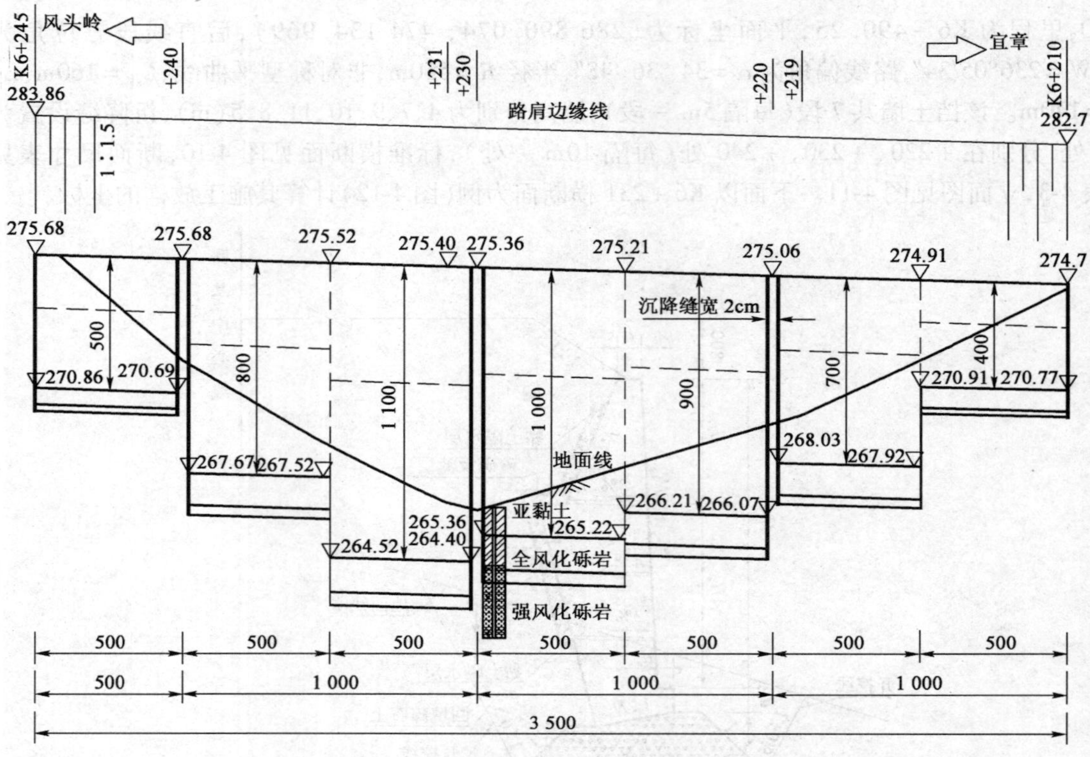

图4-11 衡重式挡土墙立面图(尺寸单位:cm)

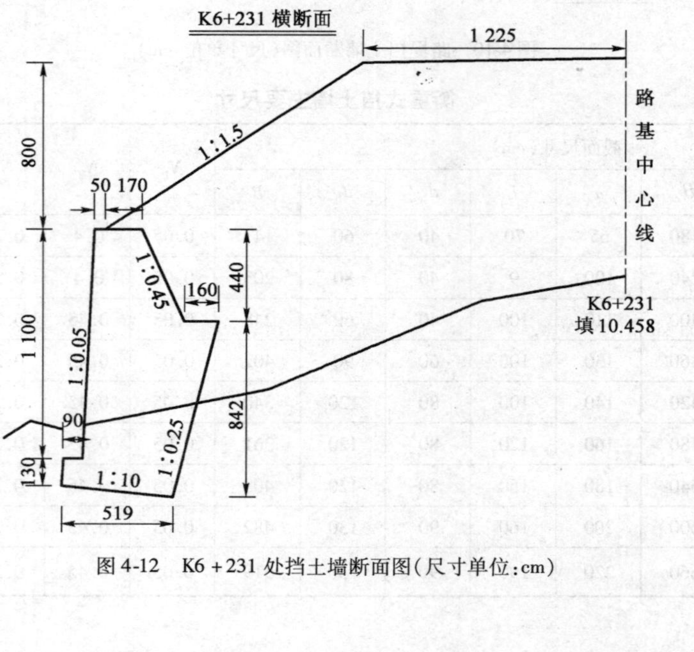

图4-12 K6+231处挡土墙断面图(尺寸单位:cm)

1）基础底面墙趾、墙踵的放样坐标

首先求得基础底面墙趾、墙踵距道路中线的距离，再根据计算道路边桩坐标的公式计算。K6 +231 基础底面墙趾、墙踵距道路中线距离涉及坡度、高度等数据的计算。

则墙踵至道路中线的距离 l_1 为

l_1 =1 225 +800 ×1.5 +50 +1 100 ×0.05 +90 =2 620(cm)

墙趾至道路中线的距离 l_2 为

$l_2 = l_1 - 519 =$ 2 101(cm)

由上面介绍的道路中桩坐标计算方法可计算得 K6 +231 的平面坐标为(287 034.697，474 350.131)，切线方位角为 236°05′34″。

该挡土墙位于中桩的左侧，在已知中桩平面坐标和方位角的情况下，可按式(4-1)计算得到左边桩的平面坐标。

将数据代入式(4-1)，则墙踵的平面坐标为

$$\left.\begin{aligned} X_C &= 287\ 034.697 - 21.01\cos(236°05'34'' + 90°) = 287\ 017.260(m) \\ Y_C &= 474\ 350.131 - 21.01\sin(236°05'34'' + 90°) = 474\ 361.852(m) \end{aligned}\right\}$$

同法可得墙趾的平面坐标为 X_C =287 012.952，Y_C =474 364.747。

2）基础底面放样坐标表基础底面放样坐标汇总见表 4-4。

基础底面放样坐标汇总表 表 4-4

桩号	中桩坐标(m)		墙趾坐标(m)		墙踵坐标(m)	
	X	Y	X	Y	X	Y
K6 +210	287 046.412	474 367.56	287 027.057	474 380.569	287 027.057	474 380.569
K6 +219	287 041.391	474 360.091	287 019.895	474 374.539	287 022.717	474 372.642
K6 +220	287 040.833	474 359.261	287 018.923	474 373.988	287 022.309	474 371.712
K6 +230	287 035.255	474 350.961	287 013.552	474 365.549	287 017.552	474 362.86
K6 +231	287 034.697	474 350.131	287 012.952	474 364.747	287 017.26	474 361.852
K6 +240	287 029.676	474 342.662	287 007.807	474 357.631	287 010.803	474 355.347
K6 +245	287 026.887	474 338.512	287 005.804	474 352.677	287 007.862	474 351.294

2. 基础底面墙趾、墙踵的高程

从设计图上可直接查得墙趾顶面(基础顶面)处的高程，根据这一数据可推算出基础底面墙趾、墙踵的高程。下面以 K6 +219 断面为例来计算：

基础底面墙趾高程：268.03 −1.2 =266.83(m)。

基础底面墙踵高程：266.83 −3.3 ÷10 =266.5(m)。

第三节 路基防护工程测量放样

在某高速公路中有一座路基挡土墙防护工程，该挡土墙工程填土高度在 5 ~6m 之间，受地形限制不能设下边坡防护，只能采用浆砌片石挡土墙进行防护。

(1)原挡土墙地面位置放样(图 4-13)

(2) 挡土墙开挖基坑检查(图 4-14)

挡土墙高度大于 3m 时对于地基的承载力要求是很严格的。按设计要求应达到 250 kPa,若地基承载力不足应做换填砂砾或进行强夯处理,以达到设计要求。

图 4-13　挡土墙地基施工放样

图 4-14　挡土墙地基承载力要求

(3) 挡土墙砌筑中测量放样(图 4-15 和图 4-16)

俯斜式施工一定要立杆挂线做样板控制,并要经常复核验证,保持线形顺适,砌体平整。

图 4-15　挡土墙墙身放样

图 4-16　挡土墙脚位置放样

(4) 挡土墙砌筑完测量检测(见图 4-17 和图 4-18)

图 4-17　挡土墙竣工勾缝(凸缝)

图 4-18 挡土墙竣工测量检测图

学生实训 防护工程施工放样

在云南省内某一级公路上 K16 + 626 ~ K16 + 686 处设有一段路堤挡土墙,图 4-19 为该段挡土墙的立面图,图 4-20 为该段挡土墙的纵断面布置图。已知 K16 + 630 的中心坐标为(7 781.562,2 911.665),切线方位角为 346°00′18″。

要求:试根据图中所标注的各尺寸计算该段挡土墙 K16 + 630 处的基础放样数据。

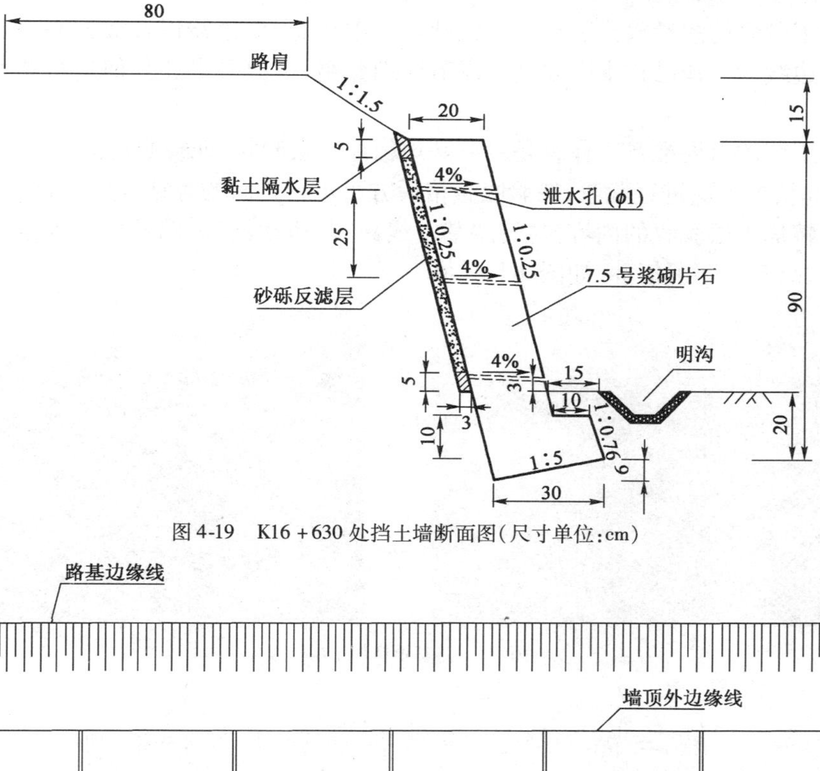

图 4-19 K16 + 630 处挡土墙断面图(尺寸单位:cm)

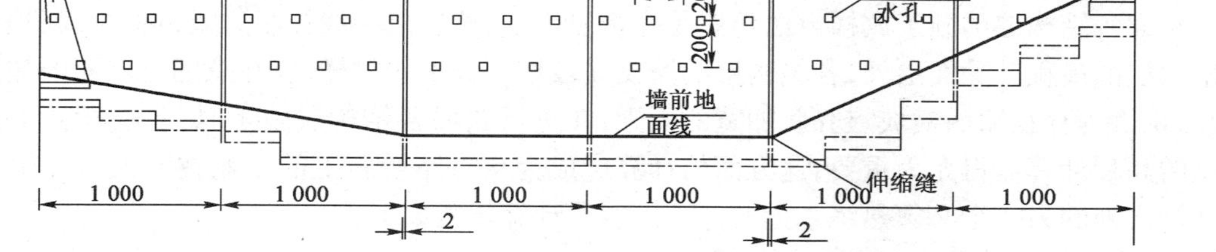

图 4-20 K16 + 630 处挡土墙纵断面布置图(尺寸单位:cm)

项目五　路面工程施工放样

第一节　路面施工放样前工作

路面工程施工是公路施工的最后一个环节,也是最重要最关键的一个环节。因此,对路面施工放样的精度要求要比路基施工阶段放样的精度高。

为了保证精度,便于测量,通常在路面施工之前,将线路两侧的导线点和水准点引测到路基上,一般设置在不易被破坏的桥梁,通道的桥台上或涵洞的压顶石上。引测的导线点和水准点要和高一级的导线点和水准点进行附合或闭合导线,精度满足一、二级导线和四等水准测量的要求。

路面施工阶段的测量放样工作仍然包括恢复中线、测量边线以及放样高程。其中恢复中线以及测量边线的工作已在本书中其他章节详细介绍,下面只讲述如何进行路面各结构层的高程放样。

路面施工前的重要准备工作就是对路基顶精加工层验收,即按照规范的要求,必须对路基顶面的30cm精加工层进行验收,在验收合格后方可进行路面的各结构层的施工。

路基顶精加工层验收的内容包括:路基中线高程、边线高程、路基的横坡度、路基宽度、路基的压实度、路基的弯沉值等,如图5-1所示。

图5-1　路基顶精加工层验收

第二节　路面各结构层施工放样案例

路面各结构层的施工放样方法仍然是先恢复中线,然后由中线控制边线,再放样高程控制各结构层的高程。除面层外,各结构层的路拱横坡按直线形式放样,要注意的是路面的加宽和超高,正因为存在路面横坡、超高、加宽的因素,在进行路面各结构层施工时,各横断面上各特征点的高程计算显得尤为重要,这方面的计算应成为从事路桥施工的专业技术人员除中桩坐标计算之外的另一个必须熟练掌握的计算内容。计算步骤如下:

(1)首先应确定横断面所在的桩号。

由于计算横断面很多，采用软件或其他方法必须每隔一定距离逐一桩号进行计算，比如要求每 5m 或 10m 一个横断面来计算。

（2）确定待计算桩号横断面的左右宽度。

一般先应熟悉路基标准横断面尺寸，然后在具体计算某个桩号横断面时注意看是否有加宽，若有，看是在左边还是右边，加宽值是多少，若不是在全加宽断面，还需根据加宽的变化段，进行内插计算某断面处的加宽值。

（3）确定待计算桩号横断面的左右横坡度。

判断并确定该断面的左右横坡度，若不在直线段或全超高段，还需根据超高方式图内插计算该断面处的左右超高横坡度。

（4）确定横断面上要求计算高程的位置点。

根据实际要求确定，比如有的要求计算左右距中线 5m、10m 的点的高程，有的要求计算中央分隔带边缘、行车道边缘、硬路肩边缘处的点的高程。

（5）计算该断面处的设计高程。

确定设计高程在横断面的哪个位置。

（6）计算横断面上要求计算的各点的高程。

根据横断面上计算点与设计高程点的距离、横坡，计算与之的高差，即可计算出横断面上各点的高程。

（7）计算完毕，报表输出待用。

【案例】 路面各结构层顶面高程的控制

湖南省某高速公路联络线的路面结构设计图如图 5-2 和图 5-3 所示。

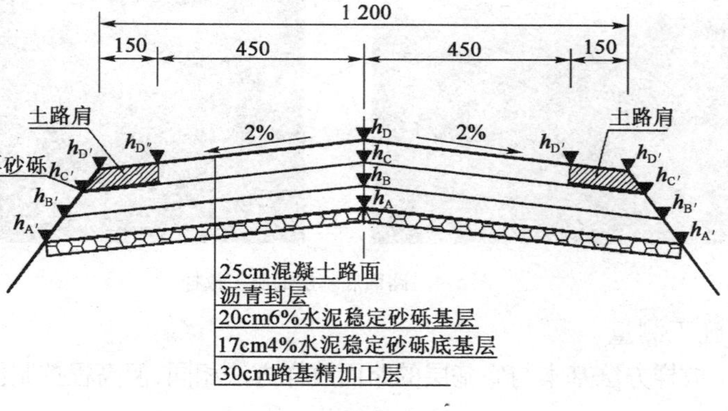

图 5-2 路面各结构层图（尺寸单位：cm）

图 5-3 路面各结构层示意图

1. 设计资料

路面面层为 $h_1=25\text{cm}$ 的水泥混凝土路面结构；

基层为 $h_2=20\text{cm}$ 厚 6% 的水泥稳定砂砾；

底基层为 $h_3=17\text{cm}$ 厚 4.0% 的水泥稳定砂砾；

路拱横坡为 $i=2\%$。

2. 路面各结构层施工放样

在进行路面各结构层的现场施工放样时，应根据各结构层的设计图计算并放出路面中线各桩号处的设计高程，即图中的 h_A、h_B、h_C、h_D 以及路面各层的路基边缘处 $h_{A'}$、$h_{B'}$、$h_{C'}$、$h_{D'}$ 处的高程，准确确定控制点的高程和平面位置，并用木桩顶面来控制各层高程。

1）路面底基层施工测量

路面底基层的施工是在完成路基基层的精加工层的施工并验收评定合格以后才开始的。这时要根据路面的设计高程、基层以及底基层的厚度，来推算底基层的中桩高程，以及根据路拱横坡的坡度和底基层宽度推算底基层两边的边桩高程。

具体步骤如下：

先正确放样出底基层的中桩和两侧边桩的平面位置，打上木桩，然后再用高程放样的方法，用木桩顶面精确控制底基层的施工范围，也可以在木桩间拉上线，这样也可以精确控制底基层的顶面高程，如图 5-4 所示。

图 5-4　路面底基层的施工放样

2）路面基层施工测量

路基基层施工放样方法基本与底基层的路面放样方法相同，但高程控制值不同，如图 5-5 所示。

图 5-5　路面基层的施工放样

3）水泥混凝土路面滑模摊铺机摊铺面层施工测量

在进行该层位施工时，首先是在完成路面基层的施工上进行平面位置的放样（图 5-6），然后进行路面面层施工高程的控制（图 5-7）。在进行混凝土路面面层施工测量时，需要计算该路面面层上三个高程控制，分别为：

路面中心线的中桩高程 h_D；

路面面层左、右边缘处的高程 $h_{D'}$；

路面面层左、右行车道边缘处的高程 $h_{D''}$。

图 5-6 路面面层的平面位置控制放样

图 5-7 路面面层的摊铺高程放样

具体计算过程如下：

在图 5-2 中，h_A、h_B、h_C、h_D分别为精加工层、底基层、基层、面层中桩高程。四者的关系为

$$h_C = h_D - 0.25$$

$$h_B = h_C - 0.20$$

$$h_A = h_B - 0.17$$

已知 K1 +880 路面顶的设计高程 h_D为 91.412m，则 h_A、h_B、h_C分别为

$$h_C = h_D - 0.25 = 91.412 - 0.25 = 91.162(\text{m})$$

$$h_B = h_C - 0.20 = 91.162 - 0.20 = 90.962(\text{m})$$

$$h_A = h_B - 0.17 = 90.962 - 0.17 = 90.792\ (\text{m})$$

已知路面顶层宽度为 1 200cm，则路面行车道宽为 9m，路面基层宽、底基层宽和精加工层宽分别为

行车道宽：	900cm
路面面层宽：	1 200cm
路面基层宽：	1 200 +25 ×1.5 ×2 =1 275cm
底基层宽：	1 200 +45 ×1.5 ×2 =1 335cm
精加工层宽度：	1 200 +62 ×1.5 ×2 =1 386cm

根据各层的宽度和路拱设计横坡 2%，计算出每一断面处面层、基层、底基层和精加工层左右边缘的高程，即 $h_{A'}$、$h_{B'}$、$h_{C'}$、$h_{D'}$、$h_{D''}$。

（1）行车道左右边缘高：

$$h_D'' = h_D - 9 \div 2 \times 2\% = 91.412 - 0.09 \approx 91.322(\text{m})$$

面层左右边缘高：

$$h_D' = h_D - 12 \div 2 \times 2\% = 91.412 - 0.12 \approx 91.292(\text{m})$$

(2)路面基层左右边缘高：

$$h_C' = h_C - 12.75 \div 2 \times 2\% = 91.412 - 0.1275 \approx 91.0[illegible])$$

(3)路面底基层左右边缘高：

$$h_B' = h_B - 13.35 \div 2 \times 2\% = 90.962 - 0.1335 \approx 90.829(\text{m})$$

(4)路基顶精加工层左右边缘高：

$$h_A' = h_A - 13.86 \div 2 \times 2\% = 90.792 - 0.1386 \approx 90.653(\text{m})$$

现将 K1 +880 ~ K2 +080 段上某一断面上 A、B、C、D 四处高程计算结果列于表 5-1 中。

K1 +880 ~ K2 +080 段各层的高程 表 5-1

桩号	路面面层			路面基层		路面底基层		路面精加工层	
	h_D	$h_{D'}$	$h_{D''}$	h_C	$h_{C'}$	h_B	$h_{B'}$	h_A	$h_{A'}$
K1 +880	91.412	91.322	91.292	91.162	91.035	90.962	90.829	90.792	90.655
K1 +900	91.577	91.487	91.457	91.327	91.200	91.127	90.994	90.957	90.82
K1 +920	91.759	91.669	91.639	91.509	91.382	91.309	91.176	91.139	91.002
K1 +940	91.957	91.867	91.837	91.707	91.580	91.507	91.374	91.337	91.200
K1 +960	92.172	92.082	92.052	91.922	91.795	91.722	91.589	91.552	91.415
K1 +980	92.404	92.314	92.284	92.154	92.027	91.954	91.821	91.784	91.647
K2 +000	92.652	92.562	92.532	92.402	92.275	92.202	92.069	92.032	91.895
K2 +020	92.917	92.827	92.797	92.667	92.540	92.467	92.334	92.297	92.160
K2 +040	93.199	93.109	93.079	92.949	92.822	92.749	92.616	92.579	92.442
K2 +060	93.497	93.407	93.377	93.247	93.120	93.047	92.914	92.877	92.740
K2 +080	93.812	93.722	93.692	93.562	93.435	93.362	93.229	93.192	93.055
K2 +100	94.144	94.054	94.024	93.894	93.767	93.694	93.561	93.524	93.387
K2 +120	94.492	94.402	94.372	94.242	94.115	94.042	93.909	93.872	93.735
K2 +140	94.857	94.767	94.737	94.607	94.480	94.407	94.274	94.237	94.100
K2 +160	95.239	95.149	95.119	94.989	94.862	94.789	94.656	94.619	94.482
K2 +180	95.637	95.547	95.517	95.387	95.26	95.187	95.054	95.017	94.880
K2 +200	96.052	95.962	95.932	95.802	95.675	95.602	95.469	95.432	95.295
K2 +220	96.472	96.382	96.352	96.222	96.095	96.022	95.889	95.852	95.715
K2 +240	96.892	96.802	96.772	96.642	96.515	96.442	96.309	96.272	96.135
K2 +260	97.312	97.222	97.192	97.062	96.935	96.862	96.729	96.692	96.555
K2 +280	97.732	97.642	97.612	97.482	97.355	97.282	97.149	97.112	96.975

学生实训　路面施工放样

已知：湖南省内某高速公路，路面采用的是水泥混凝土路面，路面结构图见图 5-8，路基设计表见图 5-9，水泥混凝土路面厚度为 28cm，基层为 25cm6% 的水泥稳定砂粒，底基层为 4.5% 水泥稳定砂粒，垫层为 15cm 的级配碎石垫层。

要求：(1)计算范围：选择该高速公路里程桩号 K0 +000 ~ K0 +300，在 300m 的路段内，取每 20m 计算一处；

（2）根据相关文件和设计要求，首先对该高速公路进行面层、基层、底基层和垫层的中线施工高程的计算，再分别对各结构层水泥混凝土板（含行车道和硬路肩）两侧顶面高程计算；

（3）编写并制订路面施工测量的详细方案。

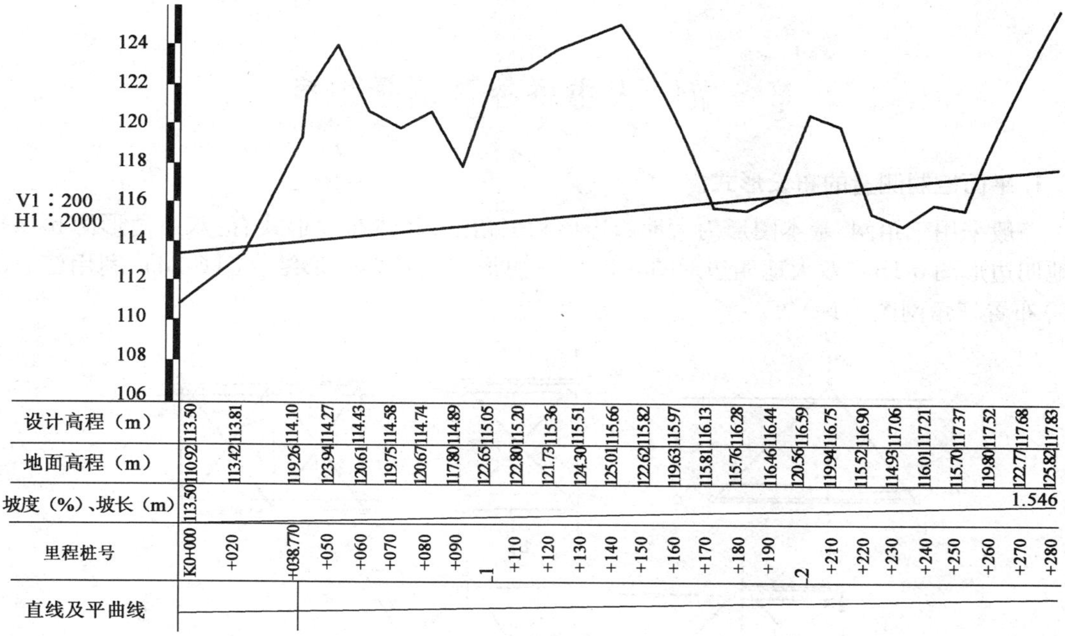

图 5-8　道路中线的路基设计高程

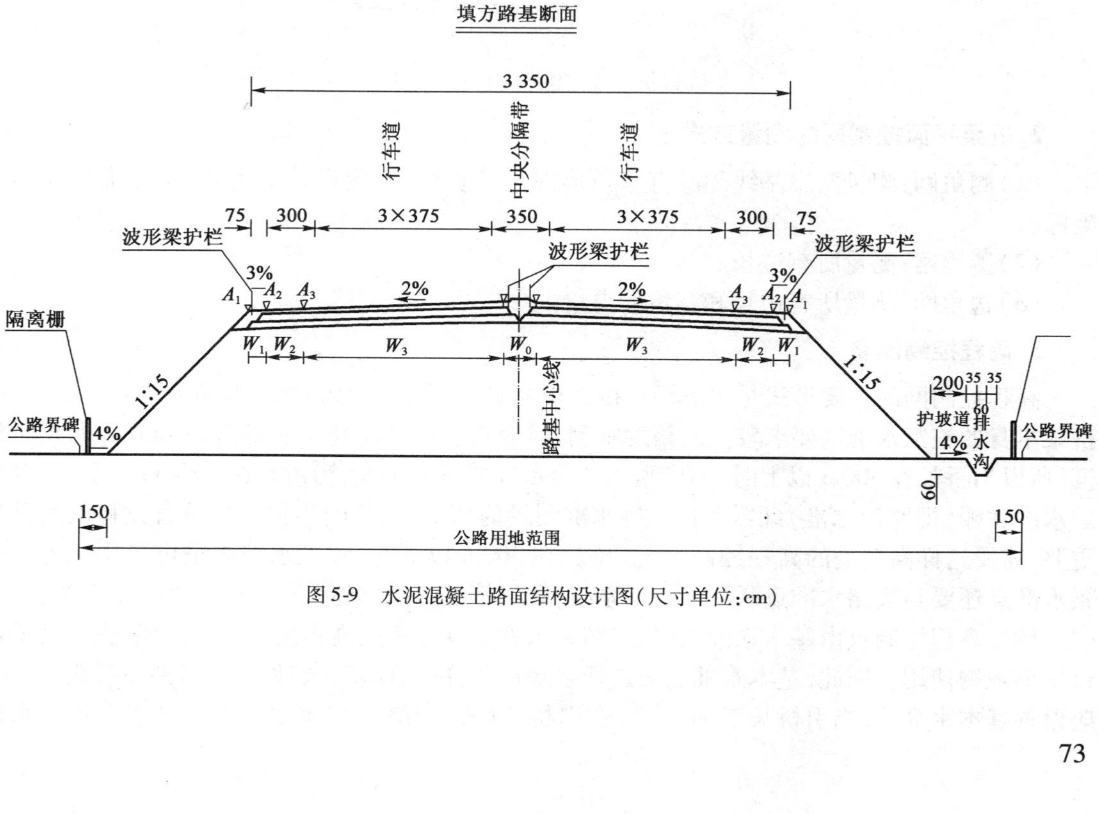

图 5-9　水泥混凝土路面结构设计图（尺寸单位：cm）

项目六 大中桥施工放样

第一节 大中桥控制测量内容

1. 平面控制测量的布设形式

一般采用三角网，基本图形为大地四边形和三角形，具体布设形式有：双三角形图6-1a)、大地四边形图6-1b)、双大地四边形图6-1c)、三角形与大地四边形结合图6-1d)、利用江心洲(岛)布置三角网图6-1e)等。

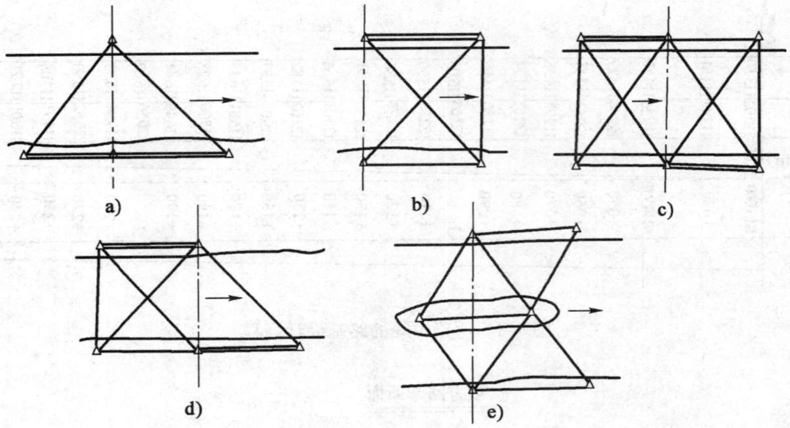

图6-1 平面控制测量的布设形式

2. 桥梁平面控制网的测量方式

(1)测角网：测量两岸基线和所有三角形内角，通过计算测得其他边长，从而推算控制点坐标。

(2)测边网：测量所有边长。

(3)边角网：测量所有边长和三角形内角。

3. 高程控制测量

高程控制网的主要形式是水准网。按工程测量技术规范规定：水准测量分为一、二、三等。桥梁本身的施工水准网要求较高的精度施测，因为它直接影响桥梁各部分高程放样的相对精度，所以当桥长在300m以上时，即应采用二等水准测量的精度；当桥长在1 000m以上时，两岸的水准联测(即跨河水准)即需采用一等水准测量的精度(这是因为桥梁的垂直位移观测日趋重要，需要这样高精度的高程控制点)。桥长在300m以下时，施工水准测量可采用三等。桥梁水准点还要与线路水准点联测成一个系统，联测精度可以比施工放样低一至二个等级。

桥梁高程控制点由基本水准点组成，基本水准点既为桥梁高程施工放样之用，也为桥梁墩台变形观测使用。因此，基本水准点应选择在地质条件好、地基稳定处。正桥两岸桥头附近都应设置基本水准点，当引桥长于1km时，在引桥的始站或终端应建立基本水准点。基本水准点的标石应力求坚实稳定。

高程控制测量关键的是跨河水准测量。跨河水准测量对桥梁高程控制测量及其重要，应采用精密方法测定。

1）观测方法（表6-1）

跨河水准测量的观测方法及跨越视线长度　　表6-1

方　法	跨越视线长度(m)
直接读数法	三、四等，≤300
	五等，≤500
光学测微法	≤500
倾斜螺旋法	≤1 500
测距三角高程法	≤3 500

注：视线长度超过3 500m时，采用的方法和要求应依据测区条件进行专题设计。

2）各方法的观测测回数和组数（表6-2）

测回数和组数　　表6-2

最大视线长度(m)	二等		三等		四等		五等	
	测回数	组数	测回数	组数	测回数	组数	测回数	组数
<300	2	2	2	1	2	1	2	1
300～500	2	4	2	2	2	2	2	1
500～1 000	8	6	2	2	2	2	2	1
1 000～1 500	12	8	4	2	3	2	3	1
1 500～2 000	16	8	8	3	3	3	3	1
>2 000	8*S*	8	4*S*	3	4	3	4	1

注：1. 表中*S*为视线长主的千米数，尾数凑整到0.5或1。

2. 测回是指两台仪器对向观测1次。

3. 组数是指不同的时间段施测规定测回数的次数。

3）其他要求

（1）视线距水面的最小高度：

视线长度<300m时，视线距水面高度≥2m；

视线长度≥300m时，视线距水面高度≥3m。

（2）跨河水准路线的布设形式（图6-2）

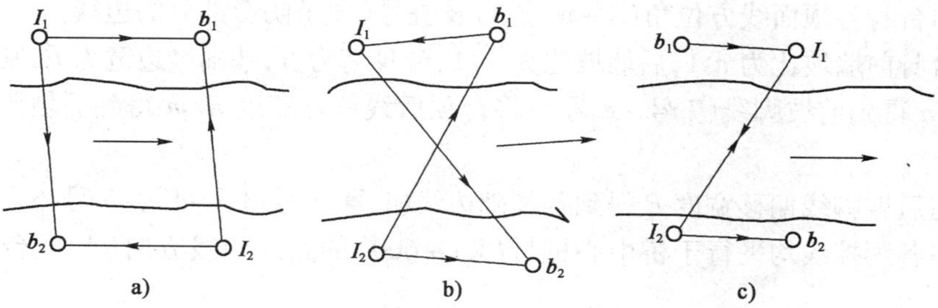

图6-2　跨河水准路线的布设形式

第二节　大中桥基础施工放样

1. 桩基施工放样

一般设计上会给出桥梁桩基础的中心坐标，不需自行计算，因此桥梁桩基放样的计算工作就显得较为简单，但要求在测设放样前依据设计图对设计坐标进行复核计算，以确保设计成果准确无误，具体过程不再赘述。

2. 重力式 U 形桥台的坐标计算

重力式 U 形桥台特别是斜交桥台的结构尺寸看似十分复杂，且设计上一般并不给出构造物各测控点的坐标成果，所有需测设的坐标都要经测设者自行计算而得，基础和墩身底面是 U 形桥台放样的重点和难点，一般计算步骤如下：

首先定出桥的中心桩号和该桩号在路基前进方向上的切线方位角。再根据梁端线长度(含两端伸缩缝长度在内)，定出前后两台帽背墙线的桩号及台帽轴线的方位角，然后根据各边角关系确定其他测控线，进而计算各测设坐标。详细过程如图 6-3 所示。

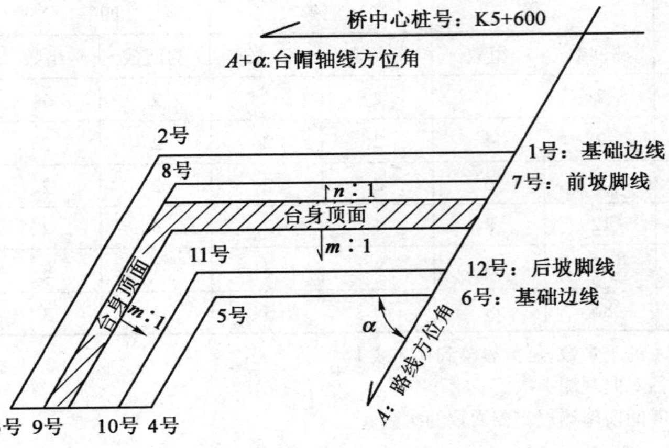

图 6-3　U 形桥台基础放样

3. 测控点计算方法

(1)定出桥中心桩号(K5 +600)的坐标及该桩号的路线切线方位角(A)；

(2)若斜交右角为 α，则两端台帽轴线的方位角均为($A+\alpha$)；

(3)定出台身各顶面线方位角($A+\alpha$ 或 A)及桩号(图示阴影部分的边线)；

(4)设台身前墙坡比为 n:1，后墙坡比为 m:1，台身高为 H，基础襟边宽为 B，则将台顶前线偏移宽度 H/n 得到前坡脚线(7 号 −8 号)，将台顶后线偏移宽度 H/m 得到后坡脚线(10 号 −11 号 −12 号)；

(5)将前后坡脚线偏移宽度 B 得到各基础边线(1 号-2 号-3 号-4 号-5 号-6 号)；

(6)图中各测控线均平行于桥中心桩号(K5 +600)的路线切线方向(A)或台帽轴线方向($A+\alpha$)；

(7)根据中心桩号的坐标、方位角及设计提供的各结构线长度和相对关系即可算出各点测设坐标；

（8）可将该平面线展绘到 CAD 图上，则可在图上直接拾取各点的测设坐标，效率比直接进行计算大大提高。

说明：

1. 本计算体积不包含自台帽底面以上部分的侧墙及台帽体积；

2. 图中阴影面积周边为台身顶面边线，是计算其他结构线的基础，其下所有需放样的基础及墩台底面结构线均以台身顶面边线经简单的平移而得，所以依据设计意图找准墩台顶的前墙线对应的桩位及台顶线相互间长度与角度的关系非常重要；

3. Q:1 为前墙正向垂直于前墙坡脚线坡比，一般为 10:1；H:1 为后墙正向垂直于后墙坡脚线坡比，一般为 3:1。

第三节　中型弯桥施工放样案例

在高等级公路平面设计过程中，由于受到地形或线形的限制，有些大桥、特大桥需要采用曲线形式或直线与曲线相连的形式。在曲线的选择上，通常选用大半径的圆曲线或缓和曲线。但曲线桥在施工放样方法和精度要求上和直线桥基本上大同小异。

桥梁施工放样测量的主要工作内容如下：

（1）基坑开挖或墩（台）扩大基础的放样；

（2）桩基础的桩位放样；

（3）承台及墩身结构尺寸、位置放样；

（4）墩帽及支座垫石的结构尺寸、位置放样；

（5）各种桥型的上部结构中线及细部尺寸放样；

（6）桥面细部结构的位置、尺寸放样；

（7）各阶段的高程放样。

用全站仪放样前，应首先在室内完成上述放样坐标的计算，并将控制点以及放样点坐标存储在全站仪文件中，供实地放样时使用。

一、基坑开挖或墩（台）扩大基础的放样

【案例】　计算曲线桥施工坐标点放样数据

已知如图 6-4 所示的一座曲线桥，该桥位于 JD_{26} 的圆曲线段内，圆曲线的半径为 $R=600$m，曲线桥起讫桩号为 K53 +220 ~ K53 +351.85，桥梁总长 131.85m。JD_{26} 的平曲线要素见表 6-3。

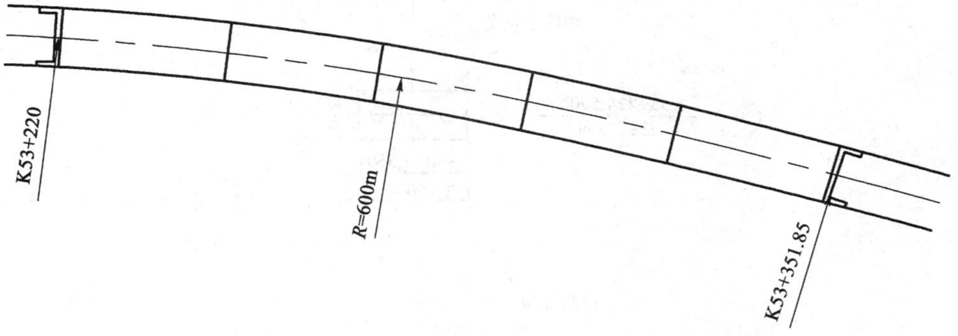

图 6-4　曲线桥平面示意图

JD_{26}曲线要素表 表 6-3

α_y	R (m)	l_s (m)	T (m)	L (m)	E (m)	ZH	HY	QZ	YH	HZ
86°10′33″	600	70	596.55	972.43	222.04	K52 +812.337	K52 +882.337	K52 +298.58	K53 +714.8	K53 +784.8

根据上述桥梁施工放样步骤,放样坐标的计算工作也应从桥梁的下部结构开始。

桥梁下部结构构造是指墩(台)基础以及墩身、墩帽,其施工放样是在实地标定好墩位中心点的基础上,根据施工的需要,按照设计图纸,自下而上分阶段地将桥墩各部位尺寸放样到施工作业面上。下面就介绍如何计算这些放样点的坐标。

1. 桥梁墩台中心点坐标的计算

通常情况下,曲线桥的各个桥台(墩)的中心点都会位于圆曲线上,可根据《公路设计》中的所学的道路中线中桩桩号坐标的知识计算出这些中心点的坐标。本例所示的曲线桥的各个墩台中心点计算结果见表 6-4。已知 JD_{25} – JD_{26} 的坐标方位角为:118°06′39″,JD_{26} 的坐标为(3 061 348.019,37 562 295.53)。

各个墩台中心点桩号坐标表 表 6-4

名称	中心点桩号	中心点坐标(m)		方位角
		X	Y	
0 号桥台	K53 +224.50	3 061 344.914	37 562 057.210	154°07′37″
1 号桥墩	K53 +248.05	3 061 323.528	37 562 067.070	156°22′33″
2 号桥墩	K53 +273.30	3 061 300.189	37 562 076.700	158°47′13″
3 号桥墩	K53 +298.55	3 061 276.464	37 562 085.340	161°11′54″
4 号桥墩	K53 +323.80	3 061 252.397	37 562 092.970	163°36′33″
5 号桥台	K53 +347.35	3 061 229.680	37 562 099.170	165°51′30″

2. 桥梁墩台的基础细部放样

在进行桥梁下部结构施工时,首先要放样出桥台(墩)的四个角点,即桥台(墩)的平面位置,然后开始基坑的开挖。

本例所示的曲线桥采用的是扩大式基础,设计时将曲线桥的桥墩(台)的中心线按线路的法线方向布置,即中心线方向与 JD_{26} 的圆曲线的半径方向重合(墩台的平面布置如图 6-5 所示)。

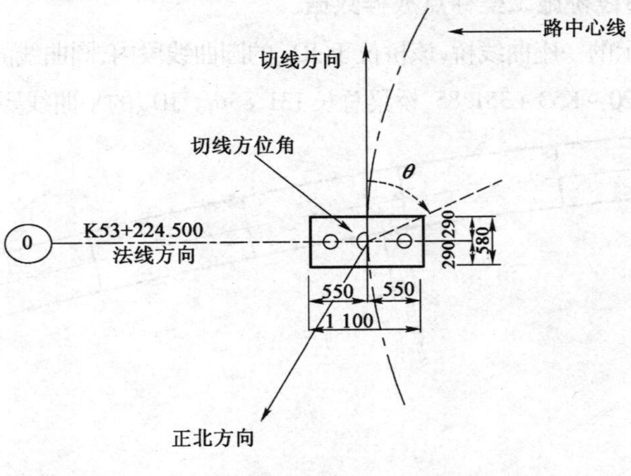

图 6-5 0 号桥台四个角点与中心点的位置关系

现以 0 号桥台、1 号桥墩为例，讲述细部坐标的计算步骤。

1)0 号桥台的细部坐标计算

如图 6-6 所示，要计算出 0 号桥台四个角点的坐标，首先要计算出通过 0 号桥台中心点的切线的方位角，然后根据四个角点与中心点的位置关系(一般用极坐标关系 r、θ 来表示)，推算它们的平面坐标。

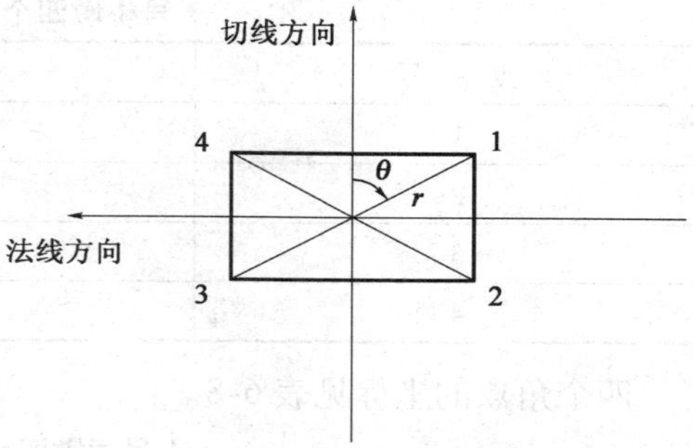

图 6-6　0 号桥台中心点的切线的方位角

如图 6-6 所示，已知 0 号桥台的尺寸为 1 100cm × 580cm，因此四个角点与中心坐标点的位置关系可用极坐标表示(表 6-5)。

0 号桥台四个角点与中心点的位置关系　　表 6-5

点　　号	r(cm)	θ
1	627.11	62°11′56″
2	627.11	117°48′03″
3	627.11	242°11′56″
4	627.11	297°48′03″

根据上述已知极坐标条件和中线外一点的坐标计算公式(6-1)可计算出四个角点的坐标：

$$\left.\begin{aligned} \alpha_2 &= \alpha_1 + \beta \\ X_2 &= X_1 + d\cos\alpha_2 \\ Y_2 &= Y_1 + d\sin\alpha_2 \end{aligned}\right\} \tag{6-1}$$

式中：α_1——路中线的切线坐标方位角；

β——切点到中线外一点的相对于切线的转角(即为局部坐标系下的坐标方位角)；

α_2——切点到中线外一点的(连线的)坐标方位角。

那么，角点 1 的坐标计算步骤如下：

$\alpha_2 = \alpha_1 + \beta = 154°07'37'' + 62°11'56'' = 216°19'33''$

$X_2 = X_1 + d \times \cos\alpha_2 = 3\,061\,344.914 + 6.271 \times \cos(216°19'33'') = 3\,061\,339.862(\text{m})$

$Y_2 = Y_1 + d \times \sin\alpha_2 = 37\,562\,057.210 + 6.271 \times \sin(216°19'33'') = 37\,562\,053.500(\text{m})$

其余三点的坐标见表 6-6。

0 号桥台三个角点中心点桩号坐标表　　表 6-6

点　　号	X(m)	Y(m)
2	3 061 345.125	37 562 050.940
3	3 061 349.966	37 562 060.930
4	3 061 344.703	37 562 063.480

2)1 号桥墩的细部坐标计算

桥墩的四个角点的坐标计算步骤大致与桥台的相同。不同的是因桥墩尺寸变化引起的四个角点与中心点位置关系的变化(表 6-7)。

1 号桥墩四个角点与中心点的位置关系 表 6-7

点　　号	r(cm)	θ
1	726.81	64°18′59″
2	726.81	115°41′01″
3	726.81	244°18′59″
4	726.81	295°41′01″

四个角点的坐标见表 6-8。

1 号桥墩四个角点中心点桩号坐标表 表 6-8

点　　号	X(m)	Y(m)
1	3 061 318.016	37 562 062.33
2	3 061 323.790	37 562 059.800
3	3 061 329.041	37 562 071.810
4	3 061 323.267	37 562 074.330

其余墩(台)的角点坐标已列于表 6-9 和图 6-7 中。

0 号 ~5 号墩台四个角点中心点桩号坐标表 表 6-9

名　　称	切线方位角	点　　号	X(m)	Y(m)
0 号桥台	154°07′37″	1	3 061 339.862	37 562 053.500
		2	3 061 345.125	37 562 050.940
		3	3 061 349.966	37 562 060.930
		4	3 061 344.703	37 562 063.480
1 号桥墩	156°22′33″	1	3 061 318.016	37 562 062.330
		2	3 061 323.790	37 562 059.800
		3	3 061 329.041	37 562 071.810
		4	3 061 323.267	37 562 074.330
2 号桥墩	158°47′13″	1	3 061 294.881	37 562 071.730
		2	3 061 300.755	37 562 069.450
		3	3 061 305.497	37 562 081.670
		4	3 061 299.622	37 562 083.950
3 号桥墩	161°11′53″	1	30 611 271.370	37 562 080.150
		2	3 061 277.335	37 562 078.120
		3	30 611 281.558	37 562 090.520
		4	30 611 275.593	37 562 092.550
4 号桥墩	163°36′33″	1	3 061 247.256	37 562 087.570
		2	3 061 253.571	37 562 085.790
		3	3 061 257.269	37 562 098.370
		4	3 061 251.223	37 562 100.140
5 号桥台	165°51′30″	1	3 061 225.489	37 562 094.510
		2	3 061 230.934	37 562 093.030

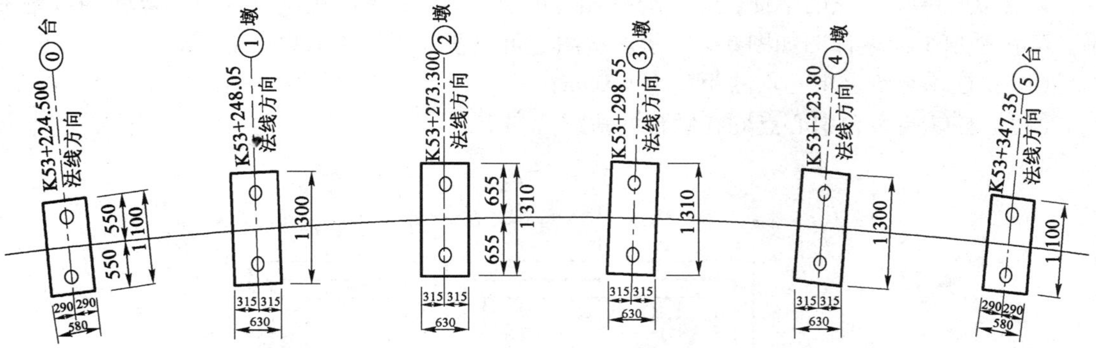

图 6-7　0 号 ~ 5 号墩台位置示意图

二、桩基础桩位的放样

如图 6-8 所示，在完成了墩台基础台阶①的放样工作后，便开始逐下往上向台阶②、台阶③放样，最后完成桥基础的施工放样。施工期间需要及时放出台阶②、台阶③的平面位置，其每一级台阶的细部角点坐标的计算方法在此不再赘述。当浇筑最顶层的台阶③的混凝土时，还需要及时放样出立柱④中心的平面坐标，以便在准确的位置预埋钢筋。

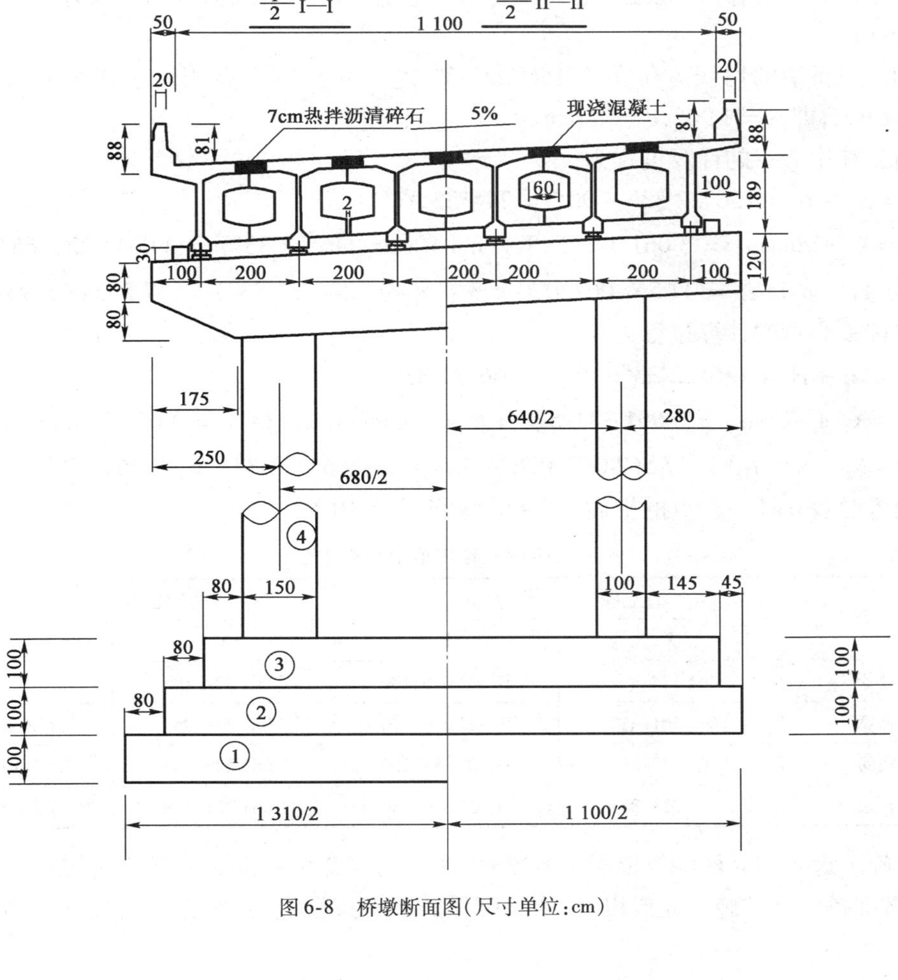

图 6-8　桥墩断面图（尺寸单位：cm）

计算立柱④中心点的平面位置需要查相应的图纸，以便获知其与墩台中心点间的位置关系。墩台基顶平面设计图如图6-9所示。从图上可以获取其位置信息如下：

(1)立柱④与墩台中心点的距离为340cm；

(2)立柱④与墩台中心点同在墩台的法线方向上。

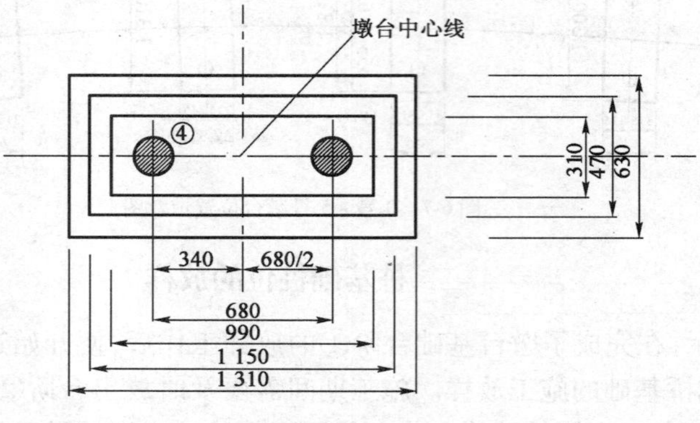

图6-9 基顶平面布置图(尺寸单位：cm)

根据以上关系，可以很快地计算出立柱中心点的平面位置。

以1号桥墩为例，介绍立柱中心点坐标计算过程，计算公式仍采用中线外一点的坐标计算公式(6-1)。

已知1号桥墩的切线方位角为156°22′33″，左右立柱中心点相对于切线方向分别偏转 −90°以及90°，即 $\beta = \pm 90°$，$d = 340\text{cm}$。

则右立柱中心点的计算过程为

$$\left.\begin{aligned} \alpha_2 &= \alpha_1 + \beta = 156°22'33'' + 90° = 246°22'33'' \\ X_2 &= X_1 + d\cos\alpha_2 = 3\,061\,323.528 + 3.4 \times \cos(246°22'33'') = 3\,061\,322.165(\text{m}) \\ Y_2 &= Y_1 + d\sin\alpha_2 = 37\,562\,067.070 + 3.4 \times \sin(246°22'33'') = 37\,562\,063.95(\text{m}) \end{aligned}\right\}$$

左立柱中心点的计算过程为

$$\left.\begin{aligned} \alpha_2 &= \alpha_1 + \beta = 156°22'33'' - 90° = 66°22'33'' \\ X_2 &= X_1 + d\cos\alpha_2 = 3\,061\,323.528 + 3.4 \times \cos(66°22'33'') = 3\,061\,324.891(\text{m}) \\ Y_2 &= Y_1 + d\sin\alpha_2 = 37\,562\,067.070 + 3.4 \times \sin(66°22'33'') = 37\,562\,070.18(\text{m}) \end{aligned}\right\}$$

其余各墩台立柱中心点的平面位置已计算于表6-10。

墩台立柱中心点坐标 表6-10

名 称	左立柱中心点坐标(m)		右立柱中心点坐标(m)	
	X	Y	X	Y
1号桥墩	3 061 324.891	37 562 070.180	3 061 322.165	37 562 063.950
2号桥墩	3 061 301.419	37 562 079.870	3 061 298.958	37 562 073.530
3号桥墩	3 061 277.560	37 562 088.560	3 061 275.368	37 562 082.120
4号桥墩	3 061 253.357	37 562 096.230	3 061 251.438	37 562 089.710

随着施工进入到立柱浇筑混凝土阶段，工地现场也开始搭设脚手架为桥梁上部结构的放样、施工做准备。立柱施工完成以后，便在脚手架上搭建模板，开始盖梁的放样与施工。与下

部结构基础工程放样不同的是，盖梁的放样是将平面点放在模板上，然后通过调节模板，来调整盖梁的平面位置。

弯桥、曲线桥所使用的盖梁与直线桥上使用的盖梁结构尺寸有较大的差别，因为曲线桥上的盖梁还要起到调整曲线桥横向超高坡度的作用。本案例所使用的盖梁结构尺寸如图 6-10 所示。注意，此时盖梁的形状是梯形，而不是常见的矩形。盖梁调整曲线桥内外半径的方式见图 6-11，从图上可以知道，在曲线桥上采用这种梯形盖梁，可以大大减少制作模板的复杂程度和工程量。

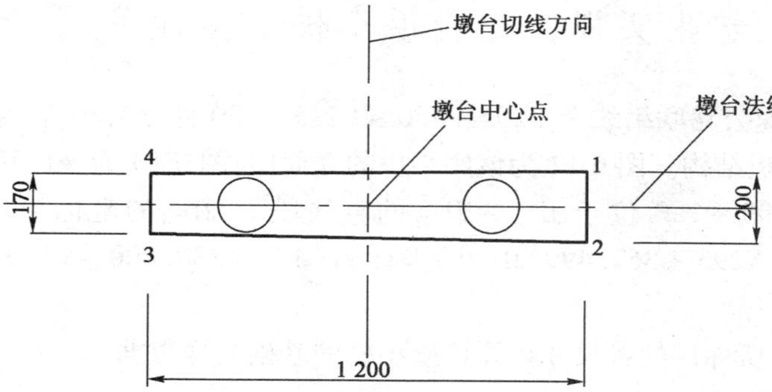

图 6-10　盖梁结构尺寸图（尺寸单位：cm）

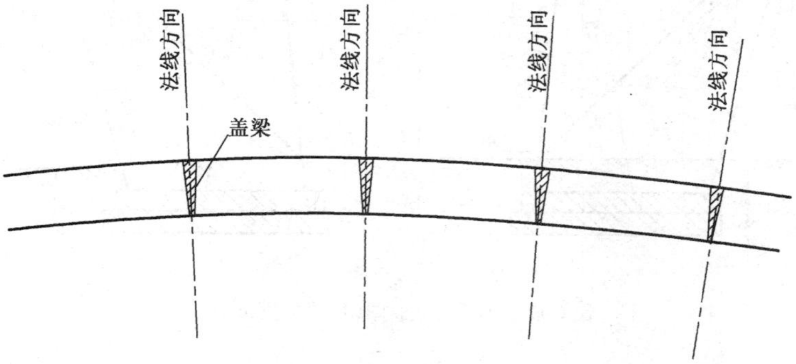

图 6-11　盖梁调整内外半径示意图

现在介绍盖梁细部坐标的计算过程。从图 6-10 可以计算出盖梁四个角点与墩台中心点的平面位置关系（也可以在 AutoCAD 中按图示尺寸作图后，在 AutoCAD 系统中量取距离和偏角），用极坐标系表示。计算结果列于表 6-11 中。

极坐标计算结果　　表 6-11

点　号	r(cm)	θ
1	608.28	80°31 ′ 11″
2	608.28	99° 27 ′44″
3	605.99	261° 57 ′08″
4	605.99	278°03 ′48″

同样使用式(6-1)计算四个角点平面位置的坐标，在此不再赘述计算过程。现将 1 号桥墩盖梁的平面坐标计算结果列于表 6-12 中。

1 号桥墩盖梁细部坐标

表 6-12

点　　号	X(m)	Y(m)
1	3 061 320.206	37 562 061.970
2	3 061 322.040	37 562 061.170
3	3 061 326.710	37 562 072.230
4	3 061 325.154	37 562 072.910

学生实训　空心板小桥坐标计算

在湖南省内某高速公路联络线上 K295 + 750 ~ K295 + 790 处设有小桥一座,桥长 40m,上部结构为 20m 为空心板结构。图 6-12 为该座小桥的立面图,图 6-13 为该座桥的平面布置图。已知 K295 + 750 ~ K295 + 790 位于 JD_{96} ~ JD_{97} 的直线段上,JD_{96} 的坐标为(4 045 296.000, 495 632.000),里程为 K295 + 367.499,JD_{97} 的坐标为(4 045 530.000,494 788.000),里程为 K296 + 232.077。

要求:试根据图中所标注的各尺寸计算该座小桥的基础放样数据。

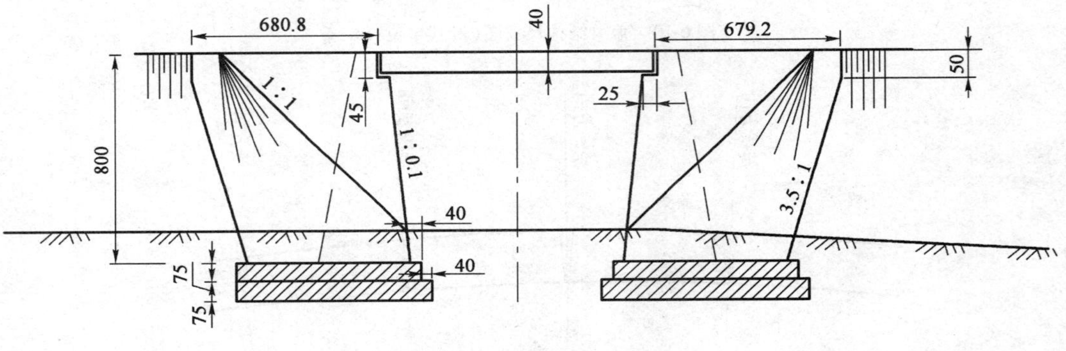

图 6-12　小桥的立面图(尺寸单位:cm)

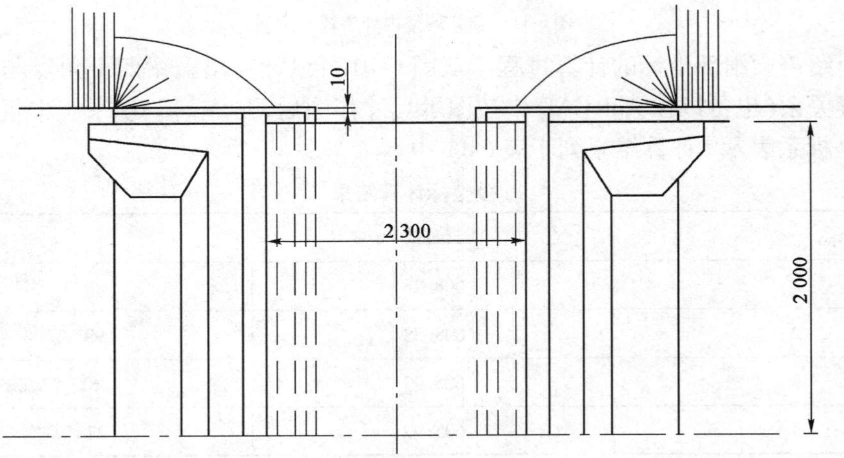

图 6-13　小桥的平面图(尺寸单位:cm)

项目七　隧道工程施工放样

第一节　隧道工程测量内容

1. 隧道施工测量的特点

1）洞外总体控制

为了指导隧道施工测量，在隧道开挖前，一般要建立具有必要精度、独立隧道洞外施工控制网，作为引测进洞的依据；对于较短的隧道，可不必单独建立洞外施工控制网，而以经隧道施工复测、调整后并确认的洞外线路中线控制桩为引测进洞的依据。

2）洞内分级控制

洞内控制点控制洞内正式中线点，正式中线点是洞内衬砌和洞内建筑物施工放样的依据，正式中线点控制临时中线点，临时中线点控制掘进方向。

洞内高程控制与平面相仿，临时水准点控制开挖面的高低，正式水准点控制洞内衬砌和洞内建筑物的高程位置。

3）开挖方法影响测量方式

先导坑后扩大成型法对隧道的位置还有一定的纠正余地，隧道施工测量可先粗后精；全断面开挖法一次成型，隧道施工测量必须一次到位。

对于采用全断面开挖法开挖的隧道，其测量过程与先挖导坑后扩大成型开挖的隧道基本一样，不同的是对临时中线点、临时水准点的测设精度要求较高，或者是直接测设正式中线点、正式水准点。

4）隧道施工的特殊环境对控制点布设提出特殊要求

隧道贯通前，洞内平面控制测量只能采用支导线的形式，测量误差随着开挖的延伸而积累。洞外控制网和洞内施工控制测量应保证必要的精度。控制点应设在不易被破坏的位置处。

2. 隧道施工测量的主要内容

1）洞外平面控制测量

对于直线隧道，洞外平面控制测量的目的主要是获取两端洞口较为精确点的平面位置和引测进洞的方向。

对于曲线隧道，洞外平面控制测量除具有与直线隧道相同的目的外，还在于间接求算隧道所在曲线的转向角及两端洞口控制桩与交点的相对位置，进而按设计选配的圆曲线半径和缓和曲线长重新确定隧道中线的位置。

建立洞外平面控制常用的方法有：中线法、精密导线法、三角网法和GPS网法等。

（1）中线法

先将洞内线路中线点的平面位置测设于地面，经检核确认该段中线与两端相邻线路中线能够正确衔接后，方可以此作为依据，进行引测进洞和洞内中线测设。

中线法一般只能用于小于1 000m的直线隧道和小于500m的曲线隧道的洞外平面控制。

(2)精密导线法

用导线方式建立隧道洞外平面控制时,导线点应沿两端洞口连线布设。导线点的位置应根据隧道的长度和辅助坑道的数量及分布情况,并结合地形条件和仪器测程选择,如图7-1所示。

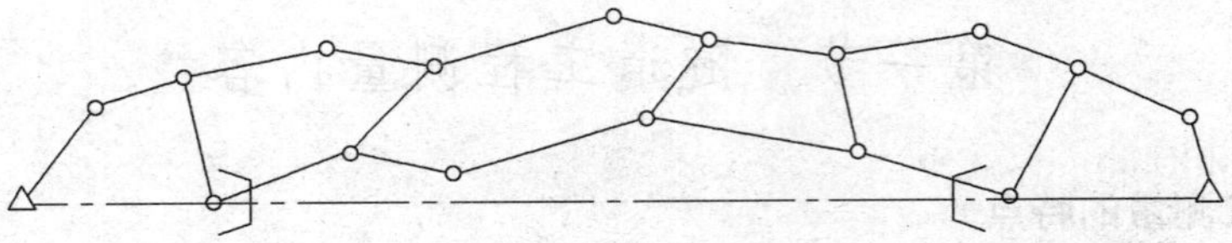

图7-1 精密导线法

导线最短边长:一般不应小于300m,相邻边长的比不应小于1:3,并尽量采用长边,以减小测角误差对导线横向误差的影响。

导线的水平角:一般采用方向观测法。当水平角只有两个方向时,可按奇数和偶数测回分别观测导线的左角和右角,这样可以检查出测角仪器的带动误差,数据处理时可以较大程度地消除此项误差的影响。

导线内业计算:一般采用严密平差法,对于四、五等导线也可采用近似平差计算。隧道洞外导线应组成闭合环,一个控制网中导线环的个数应不少于4个;每个环的边数约为4~6条,应尽可能将两端洞口控制点纳入到导线网中。

(3)三角网法

三角测量建立隧道洞外平面控制时,一般是布设成单三角锁的形式,如图7-2所示。精密导线法对于直线隧道,一排三角点应尽量沿线路中线布设。条件许可时,可将线路中线作为三角锁的一条基本边,布设为直伸三角锁,以减小边长误差对横向贯通的影响。

对于曲线隧道,应尽量沿着两洞口的连线方向布设,以减弱边长误差对横向贯通的影响。

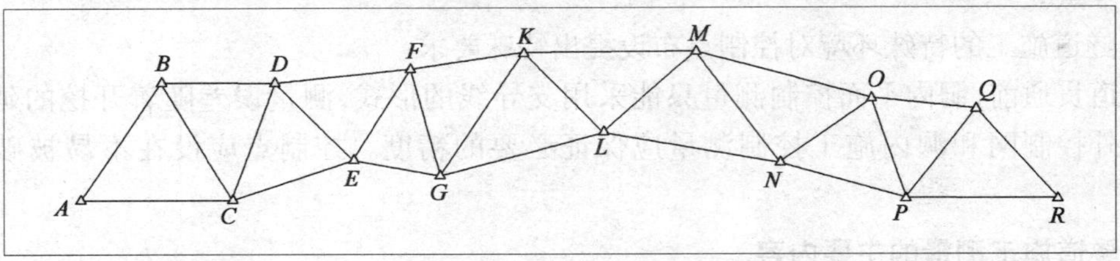

图7-2 三角网法

2)洞外高程控制测量

洞外高程控制测量的任务,是按照测量设计中规定的精度要求,以洞口附近一个线路定测点的高程为起算高程,测量并传算到隧道另一端洞口与另一个定测高程点闭合。

闭合的高程差应设断高,或推算到路基段调整。这样,既使整座隧道具有统一的高程系统,又使之与相邻线路正确衔接,从而保证隧道按规定精度在高程方面正确贯通,保证各项建筑物在高程方面按规定限界修建。

3)洞内平面控制测量

洞内平面控制通常有两种形式,即中线形式和导线形式。中线形式就是以定测精度或稍高于定测精度,在洞内按中线测量的方法测设隧道中线,这种方法只适用于短隧道。

(1)洞内导线主要有以下几种形式:

①单导线(图 7-3)。

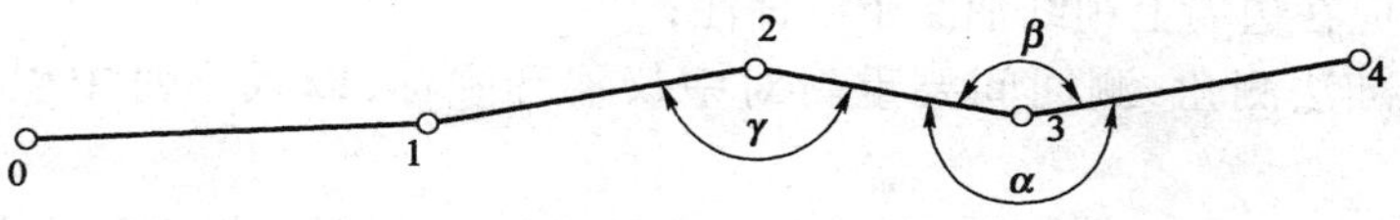

图 7-3　单导线

②导线环(图 7-4)。

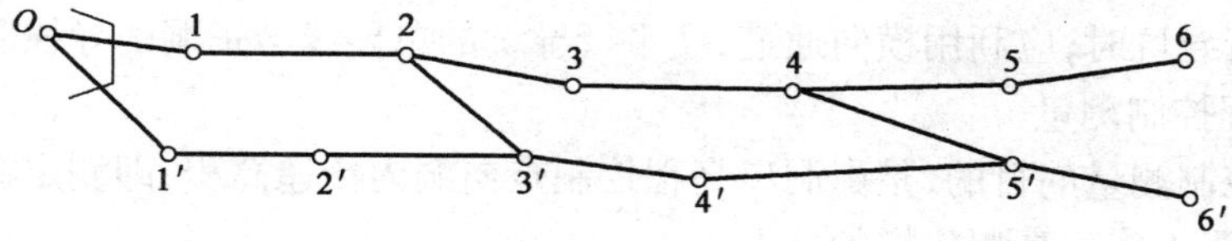

图 7-4　导线环

③主副导线环(图 7-5)。

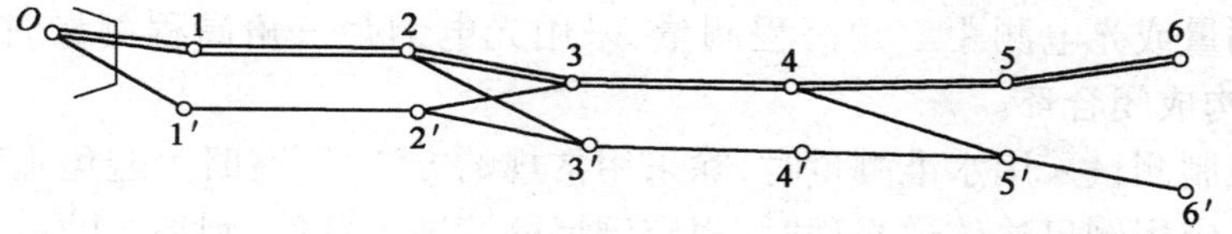

图 7-5　主副导线环

④交叉导线(图 7-6)。

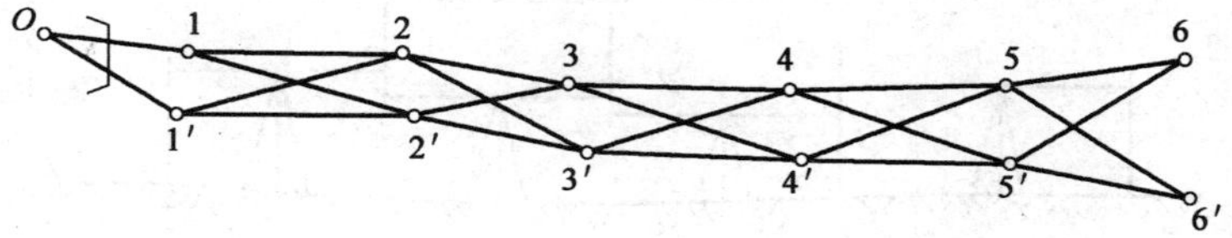

图 7-6　交叉导线

⑤旁点导线(图 7-7)。

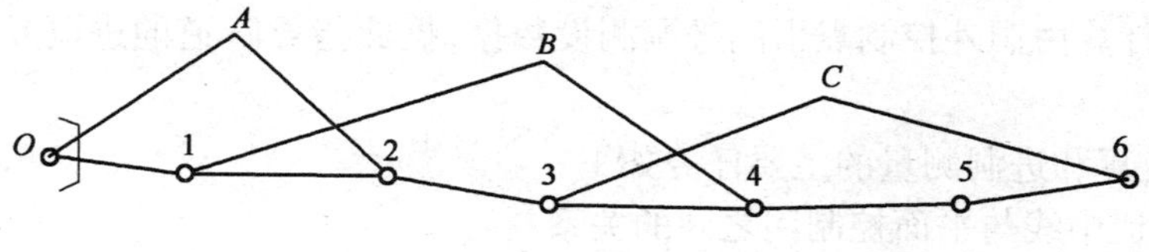

图 7-7　旁点导线

(2)洞内导线布设时应注意的问题:

①导线点应尽量布设在施工干扰小、通视良好、地层稳固的地方;

②点间视线应离开洞内设施 0.2m 以上;

③导线的边长在直线地段不宜小于 200m,在曲线地段不宜小于 70m,并尽量选择长边和接近等边;

④导线点应埋于坑道底板面以下 10 ~ 20cm，上面盖铁板以保护桩面及标志中心不受损坏，为便于寻找，应在边墙上用红油漆予以标注；

⑤采用双照准法测角，测回间要重新对中仪器和觇标，以减小对中误差和对点误差的影响；

⑥由洞外引向洞内的测角工作，宜在夜晚或阴天进行，以减小折光差的影响；

⑦洞内导线应重复观测，定期检查；

⑧设立新点前必须检查与之相关的既有导线点，在对既有导线点确认的基础上测量新点；

⑨应构成多边形闭合导线或主副导线环；

⑩当有平行导坑时，应利用横向通道，使平行导坑的单导线与正洞的导线联测，以资检核。

4）洞内高程控制测量

洞内高程控制测量的目的，是由洞口高程控制点向洞内传递高程，即测定洞内各高程控制点的高程，作为洞内施工高程放样的依据。

洞内应每隔 200 ~ 500m 设立一对高程控制点。高程控制点可选在导线点上，也可根据情况埋设在隧道的顶板、底板或边墙上，如图 7-8 所示。

三等及以上的高程控制测量应采用水准测量，当采用水准测量时，应进行往返观测；四、五等可采用水准测量或光电测距三角高程测量，采用光电测距三角高程测量时，应进行对向观测，高程导线宜构成闭合环。

洞内高程控制测量采用水准测量时，除采用常规的方法外，有时为避免施工干扰还采用倒尺法传递高程。应用倒尺法传递高程时，规定倒尺的读数为负值，则高差的计算与常规水准测量方法相同。

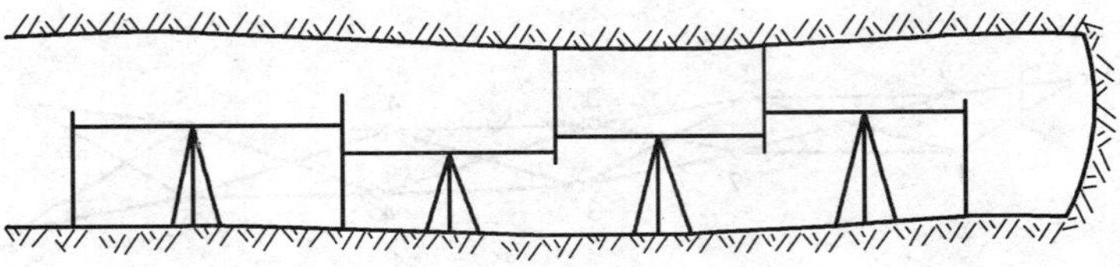

图 7-8　洞内高程测量

5）进洞关系计算和进洞测量

控制测量确认了隧道两端线路中线控制桩与洞外平面控制点的相对位置关系。根据洞外控制测量成果，计算由洞外控制点引测进洞测设数据，据此指导隧道的进洞及洞内开挖，称为进洞关系计算。

进洞关系计算和进洞测量的主要任务如下：

（1）确定隧道中线与平面控制网之间的关系；

（2）在洞内控制建立之前，指导中线进洞和洞内开挖。

隧道进洞测设的主要方法——极坐标法：将隧道的中线控制桩纳入洞外平面控制网，控制测量完成后，即可求得它们的精确坐标。根据这些点的坐标和洞口（或洞内）中线点的坐标，反算出极坐标法的放样数据，进而现场测设。

6）洞内中线与洞身断面测设

7）贯通误差及其调整

相向开挖的两条施工中线上，具有贯通面里程的中线点不重合，两点连线的空间线段称为贯通误差。

(1)贯通误差的分类

贯通误差在水平面上的正射投影称为平面贯通误差;在铅垂面上的正射投影称为高程贯通误差,简称高程误差。

平面贯通误差在水平面内可分解为两个分量,与贯通面平行的分量,称为横向贯通误差,简称横向误差;与贯通面垂直的分量,称为纵向贯通误差,简称纵向误差。

(2)贯通误差对隧道贯通的影响

纵向误差影响隧道中线的长度和线路的设计坡度。横向误差影响线路方向,如果超过一定的范围,就会引起隧道几何形状的改变,甚至造成侵入建筑限界而迫使大段衬砌拆除重建,既给工程造成重大经济损失又延误了工期。因此,必须对横向误差加以限制。

高程误差主要影响线路坡度。

(3)横向误差和高程误差的限差(表7-1)

横向误差和高程误差的限差

表7-1

两开挖洞口间长度(km)	<4	4~8	8~10	10~13	13~17	17~20
横向贯通误差(mm)	100	150	200	300	400	500
高程贯通误差(mm)	±50					

(4)影响贯通误差的主要因素及其分解

由于洞外控制测量、洞内外联系测量、洞内控制测量和洞内中线放样等项误差的共同影响,一般将洞外平面控制测量的误差作为影响隧道横向贯通误差的一个独立的因素,将两相向开挖的洞内导线测量误差各为一个独立的因素,按照等影响原则确定相应的横向贯通误差。高程控制测量中,洞内、洞外高程测量的误差对高程贯通误差的影响,按相等原则分配。

8)竣工测量。

第二节　隧道洞口、洞身测量计算

一、隧道进洞关系计算和进洞测量

1. 直线隧道进洞方向放样

如图7-9所示为一直线隧道,A、B为洞口点,为方向控制点,它们都纳入在地面控制网中,平差后求得这些点的精确坐标。

(1)拨角进洞法

已知A、D、B、C点的坐标,根据三角函数关系,可反算出在进洞点A处AD的方位角α_{AD}和s_{AD}长度,以及进洞、出洞方向β_1、β_2。

进洞时分别在A、D架设仪器,后视B、C,然后用拨角法确定进洞方向。

(2)移桩法进洞

若要利用B、C作为方向控制点直接按中线方向进洞,必须将B、C两点分别移到直线AD上的B'点和C'点上。这时要确定移桩数据,以B点的移桩为例,移桩数据是BD'长和$\angle ABB'$角度,则

$$BB' = AB \times \sin \beta_1 \tag{7-1}$$

$$\angle ABB' = 270° + \beta_1 \tag{7-2}$$

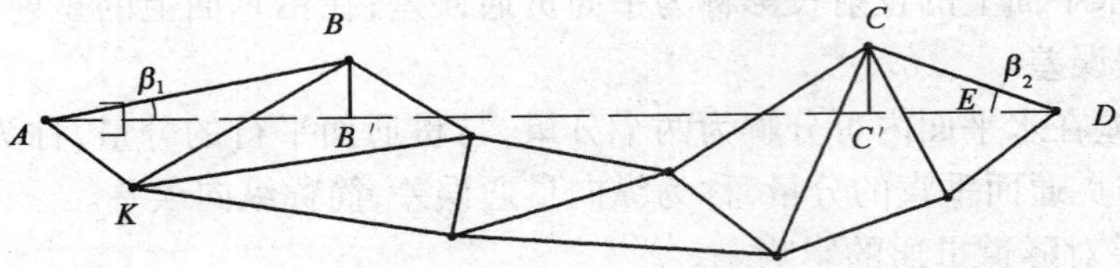

图 7-9　直线隧道进洞方向放样

具体方法如下：

将经纬仪置于 B 点，后视 A 点，拨角 $\angle ABB'$，量 BB' 长得 B' 点；同法测得 C' 点。以上就是直线隧道的移桩。

线路进洞时，经纬仪置于 A 点，照准 B' 点，即得到进洞的方向。为消除横轴误差和视准轴误差，须用盘左盘右分中法。

2. 曲线隧道进洞方向放样

如图 7-10 所示，A、E、C、D 为确定曲线两切线设置的控制点，B、D 为洞口投点，这些点都是地面控制网的控制点。利用 A、E、D、C 这四点的精确坐标可推算出精确的偏角 α，它和定测时所测偏角有一差数。利用这个精密的偏角 α 和原先给定的缓和曲线长 l 及圆曲线半径 R（l 和 R 一般不能改变）重新计算曲线要素，从而可推出 A—ZH—HY—YH—HZ—D 线路中线各段长，而各段相接点的曲率半径是显然的，由于起点 A 的桩号定测时已给定，对于该线路中线上任意一点 J 都可以计算其坐标 X_J、Y_J 和切线方位角 α_J。

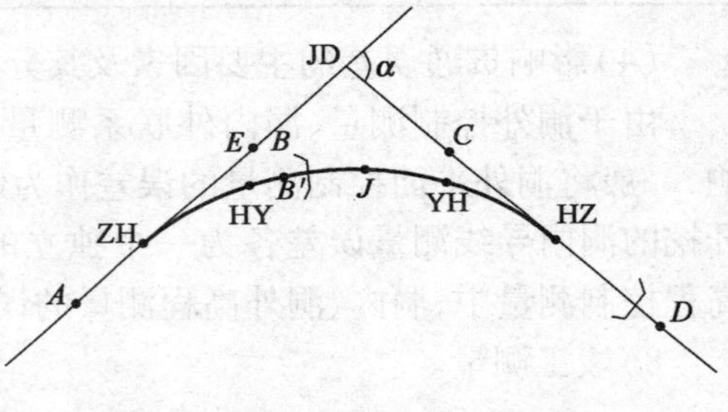

图 7-10　曲线隧道进洞方向放样

若置仪器于 B 点，后视 A 点，按 A、B、J 三点坐标，计算角 $\angle ABJ$ 和 BJ 长，则可直接放样出中桩点 J，或引测出一个地下导线点，这是按极坐标法进洞。

但传统的曲线进洞是由设置在中线上洞口点的切线方向进洞，这样就要把 B 点移到中线上 B' 点（定测时认为 B 点在中线上，精确计算后它可能有小的偏离）。为此要计算出移桩数据：由 B 沿中线的法线方向到垂足 B' 的垂距 BB' 和 $\angle ABB'$。求 BB' 和 $\angle ABB'$ 称为移桩数据推算。传统的推算方法非常复杂，要根据点在曲线的不同位置建立不同的推算方法。我们不采用这种算法，而采用点到中线垂距的计算方法。根据这个方法，只要知道一个点的坐标，就能精确地计算出该点到确定的中线的垂距及垂足的桩号，坐标和切线方位角，从而很容易地算出移桩数据和进洞数据。

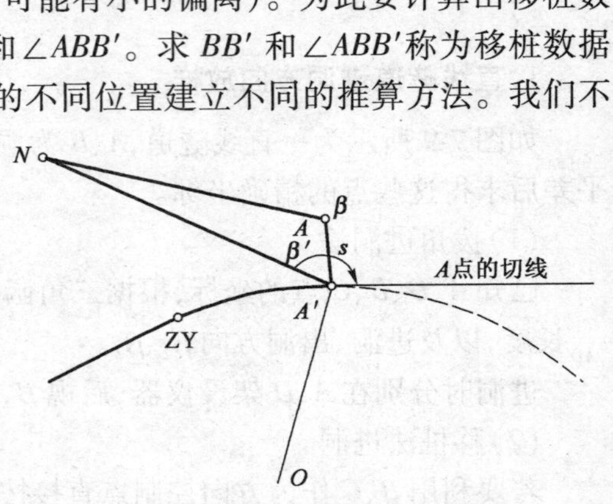

图 7-11　曲线隧道切线进洞

如图 7-11 所示，A 点为进洞点，N 为另一控制点，现在要把该点移到中线上 A' 点。按照上述算法，可以计算出 A 到中线的垂距 AA'（记为 s），并求得 A' 点坐标及 A' 点的切线方位角 α'_A，再由 N、

A、A'三点坐标，容易求得移桩数据β（移桩距离s已求得），并由下式计算进洞数据：

$$\beta' = \alpha_A' - \alpha'_{A'N} \tag{7-3}$$

式中：$\alpha'_{A'N}$——由A'和N点的坐标反算而得；

s、β、β'——进洞数据。

根据s和β可将A点移至中线上A'点处，然后在A'点后视N点，拨角即得A'点的切线方向。这就是所谓的切线进洞。

3. 横洞（或斜井）进洞放样

为了增加开挖面，在某些地方要增设横洞。横洞中心线通常由两点给出，该两点连线的方向即为横洞进洞的方向线。横洞（或斜井）的进洞关系计算就是要求出横洞中线和正洞中线的交点、交点桩号及坐标，横洞口至交点的距离及交点处的拨角，然后按切线方向进洞。横洞与直线隧道的这种关系容易求得，这里主要讨论横洞与曲线隧道的进洞关系计算问题。如图7-12所示，H_1和H_2为确定横洞中线的两点，H_1为横洞口点，两点均为地面控制点，已获其精确坐标。

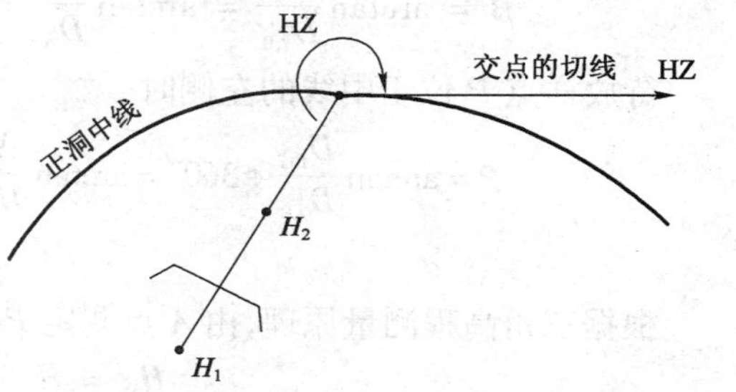

图7-12　横洞（或斜井）进洞放样

正洞中线由前述算法也已确定（所谓确定，是指任给一桩号，可计算出其在地面坐标系下的坐标）。现在要求横洞中线交点J的桩号、H_1到J的距离s及拨的角度β。

同样，根据过一点直线与曲线相交计算方法可求得交点J的桩号及其坐标X_0、Y_J和切线方位角α_J，再由H_1点的坐标易求得H_1到J的距离s及拨的角度β。

二、隧道洞身测量计算

1. 隧道全断面掘进轮廓线放样方法

隧道开挖轮廓线就是在每次全断面爆破前，测定爆眼位置，直接定位钻孔。轮廓线放样系按直角坐标法进行（图7-13）。

（1）直线段上的轮廓线放样

如图7-14所示，AB为掘进方向，B为待放样断面上的中线点，A为其相邻中线点，A、B间距为D_{AB}（可根据设计里程算得，一般为10m），P为待放样的任一轮廓点。具体方法如下：

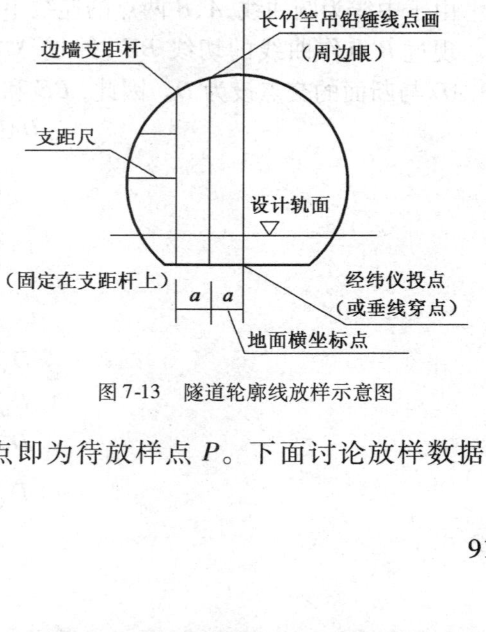

图7-13　隧道轮廓线放样示意图

在A点安置经纬仪，量取仪器高i，瞄准中线点定向，水平度盘置零；顺时针（若P点在中线的左侧则逆时针）转动照准部，使水平度盘读数为β，转动望远镜，使竖盘读数为$(90° - \alpha)$（此时指盘左位置，视线水平时竖盘读数为90°，望远镜物镜抬高时竖盘读数减小的情况；否则，应随具体情况而定）。此时望远镜视线所指的断面点即为待放样点P。下面讨论放样数据α和β的计算。

首先，以拱顶点 O 为坐标原点，以断面中线向下为 Y 轴，建立断面直角坐标系 XOY。根据炮眼布置图可很容易得到轮廓点 P 的坐标（X_P,Y_P）。

从图 7-14 中可以看出，在直角三角形 ABC（在实际工作中 A、B、C 三点不一定在同一水平面上；此处为画图方便，将 A、B、C 三点画在了同一水平面上；这样做不会影响后面的计算）中，放样数据 β 可按式（7-4）或式（7-5）计算。

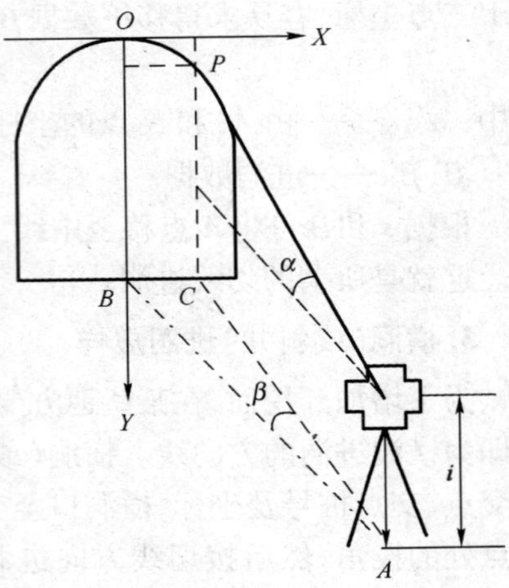

图 7-14　直线段放样示意图

待放样点 P 位于中线的右侧时

$$\beta = \arctan\frac{D_{BC}}{D_{AB}} = \arctan\frac{X_P}{D_{AB}} \tag{7-4}$$

待放样点 P 位于中线的左侧时

$$\beta = \arctan\frac{D_{BC}}{D_{AB}} + 360^\circ = \arctan\frac{X_P}{D_{AB}} + 360^\circ \tag{7-5}$$

根据三角高程测量原理，由 A 点测定 P 点的高程公式为

$$H_P = H_A + D_{AC}\cdot \text{ctan}\alpha + i \tag{7-6}$$

其中

$$D_{AC} = \sqrt{D_{AB}^2 + X_P^2}\ ;\ H_P = H_{顶} - Y_P$$

式中：H_A——中线点 A 的高程；

H_P——拱顶点的设计高程。

由式（7-6）即可得放样数据：

$$\alpha = \arctan\frac{H_P - H_A - i}{D_{AC}} \tag{7-7}$$

（2）圆曲线段上的轮廓线放样

如图 7-15 所示，A、B 为圆曲线段上的两中线点，其弧长为 L（一般为 5 m），圆曲线半径为 R，其他符号的含义同图 7-14 所示。

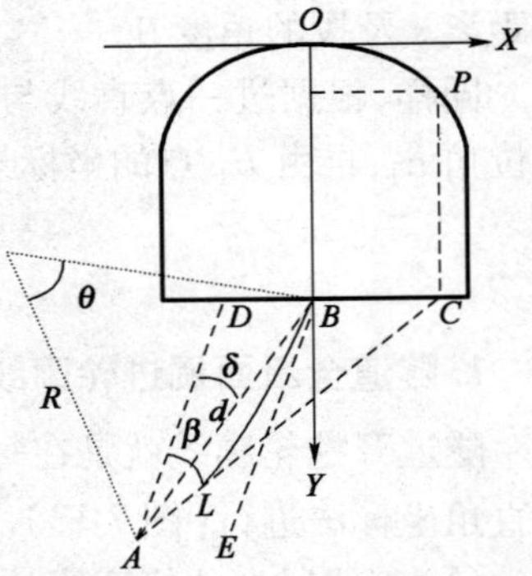

图 7-15　圆曲线段放样示意图

由于中线为圆曲线，A、B 两点的连线不再与待放样断面垂直。现过 B 点作曲线的切线 BE，并过 A 点作 BE 的平行线 AD，AD 与断面的交点设为 D。因此，BE 和 AD 皆垂直于待放样断面。由图 7-15 不难看出：

$$\angle DAB = \angle ABE = \delta \tag{7-8}$$

$$\theta = \frac{L}{R}\rho \tag{7-9}$$

$$\delta = \frac{\theta}{2} = \frac{L}{2R}\rho \tag{7-10}$$

$$d = D_{AB} = 2R\sin\delta \tag{7-11}$$

$$D_{AD} = d\cos\delta \tag{7-12}$$

$$D_{DB} = d\sin\delta \tag{7-13}$$

$$D_{DC} = X_P + D_{DB} \tag{7-14}$$

$$D_{AC} = \sqrt{D_{DC}^2 + D_{AD}^2} \tag{7-15}$$

$$\beta = \arctan\frac{D_{DC}}{D_{AD}} = \arctan\frac{X_P + D_{DB}}{D_{AD}} \tag{7-16}$$

式(7-16)适用于 $D_{DC} > 0$ 的情况；当 $D_{DC} < 0$ 时放样数据 β 应按下式计算：

$$\beta = \arctan\frac{D_{DC}}{D_{AD}} + 360^\circ = \arctan\frac{X_P + D_{DB}}{D_{AD}} + 360^\circ \tag{7-17}$$

放样数据 α 计算公式的推导同直线段计算。放样的方法步骤也同直线段，只是在瞄准中线点 B 进行定向时，水平度盘应配置为 δ[当曲线右偏时应配置为$(360^\circ - \delta)$]。

(3)缓和曲线段上的轮廓线放样

如图 7-16 所示，A、B 为缓和曲线段上的两中线点，其至直缓点 ZH 的弧长分别为 l_A 和 l_B，其他符号的含义同图 7-14。

缓和曲线段上轮廓线放样与圆曲线段上轮廓线放样基本上是一样的，区别仅在于 d 和 δ 的计算方法不同。下面来推导 d 和 δ 的计算公式。

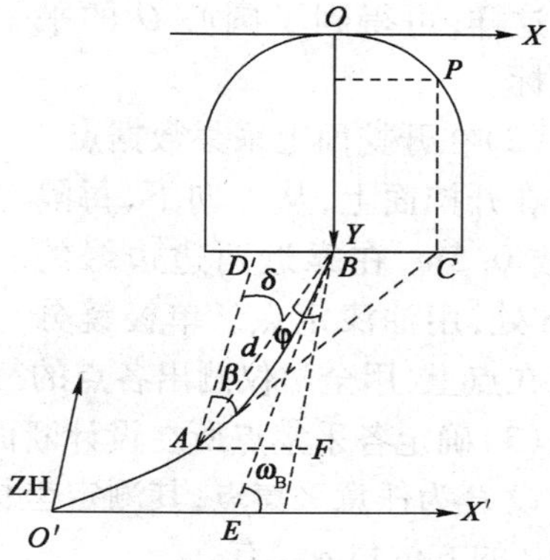

图 7-16 缓和曲线段放样示意图

如图 7-16 所示，按曲线切线支距法建立直角坐标系 $X'O'Y'$，则缓和曲线上任意一点在此坐标系中的坐标及该点处的切线偏角为

$$X' = l - \frac{l^5}{40R^2L_s^5} \tag{7-18}$$

$$Y' = \frac{l^3}{6RL_s} - \frac{l^7}{336R^3L_s^3} \tag{7-19}$$

$$\omega = \frac{l^2}{2RL_s}\rho \tag{7-20}$$

式中：l——缓和曲线上任意一点至直缓点 ZH 的弧长；

L_s——缓和曲线长；

R——圆曲线半径。

将弧长 l_A 和 l_B 分别代入式(7-18)和式(7-19)即可得 A、B 两点在切线直角坐标系中的坐标(X'_A, Y'_A)和(X'_B, Y'_B)；将弧长 l_B 代入式(7-20)即可得 B 点处的切线偏角 ω_B。

现过 A 点作 X' 轴的平行线 AF，过 B 点作 Y' 轴的平行线 BF，其交点设为 F。从图 7-16 中可以看出：

$$d = \sqrt{(X'_B - X'_A)^2 + (Y'_B - Y'_A)^2} \tag{7-21}$$

$$\varphi = \arctan\frac{X'_B - X'_A}{Y'_B - Y'_A} \tag{7-22}$$

$$\delta = \varphi - (90^\circ - \omega_B) = \varphi + \omega_B - 90^\circ \tag{7-23}$$

2. 隧道圆曲线圆断面全断面开挖边线放样

在凹凸不平即有超有欠的开挖面上，确定洞口全断面边线。由于超欠挖的存在，曲线隧道任意两桩号间的内圈长度总比相应外圈长度小，因此在开挖面上定的全断面边线，一般不在同一个设计断面上。放样基本原理如下。

(1)确定圆曲线隧道圆心的平面坐标

设圆曲线隧道圆心为 O，半径为 R，令 O 的平面坐标为(X_0, Y_0)，如图 7-17 所示，则圆曲

线方程为

$$(X - X_0)^2 + (Y - Y_0)^2 = R^2 \quad (7\text{-}24)$$

将圆曲线的任意两个主点平面坐标代入上式,可得两组 X_0, Y_0 之值,而实际上只能取某一组值。为了剔除不合实际的值,可将第3个主点平面坐标代入上式,使方程两边相等的那一组,即是正确的。这样,可得到了圆心 O 的平面坐标。

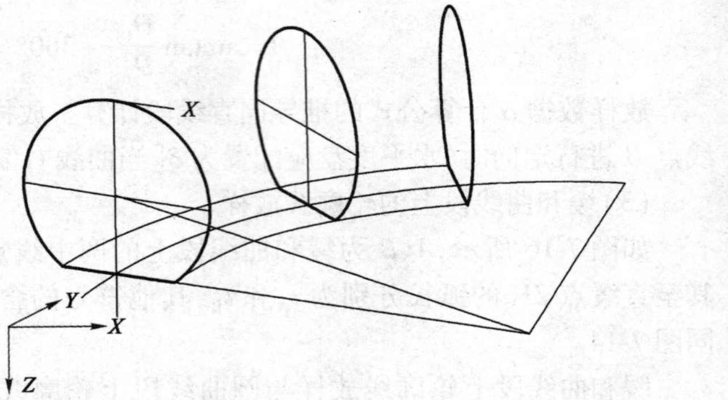

图 7-17　圆曲线隧道

(2)在开挖面上采集数据点

在开挖面上,从上向下,每隔 1m 或 0.5m,在靠近两边边缘约 20cm 处,用油漆定点。单棱镜分别放在点上,用全站仪测出各点的三维坐标。

(3)确定各采集点所在设计断面圆心三维坐标

设 P 为任意采集点,其测定坐标为(X_P, Y_P)。又圆心 O 的平面坐标为(X_0, Y_0)已算出,故 OP 的方位角 α_{OP} 有

$$\tan\alpha_{OP} = \frac{Y_P - Y_0}{X_P - X_0} \quad (7\text{-}25)$$

由上式可算出 α_{OP},设 P 点所在设计圆断面圆心为 $Q(X_Q, Y_Q)$,则

$$\alpha_{OQ} = \alpha_{OP} \quad (7\text{-}26)$$

故

$$X_Q = X_0 + R\cos\alpha_{OQ} \quad (7\text{-}27)$$

$$Y_Q = Y_0 + R\sin\alpha_{OQ} \quad (7\text{-}28)$$

设 ZY 为圆曲线起点断面处圆心,坐标已知为(X_{ZY}, Y_{ZY}, H_{ZY}),桩号为 L_{ZY}。设 Q 点桩号为 L_Q,目标 ZY,目标 Q 点与 O 点所成的水平角为 θ。则由余弦定理得

$$\cos\theta = \frac{2R^2 - S_{ZY\cdot Q}^2}{2R^2} \quad (7\text{-}29)$$

其中 $S_{ZY\cdot Q} = \sqrt{(X_{ZY} - X_Q)^2 + (Y_{ZY} - Y_Q)^2}$　(7-30)

按式(7-23)和式(7-24),可解出 θ 值,则

$$L_Q = L_{ZY} + \frac{\pi}{180°}\theta R \quad (\text{其中 } \theta \text{ 以度为单位}) \quad (7\text{-}31)$$

因为隧道坡度一般是均匀变化的,故根据起终点及变坡点桩号及高程,参照 Q 点桩号,经简单内插求得 Q 点设计高程 H_Q,至此 Q 点的三维坐标(X_Q, Y_Q, H_Q)已求出。

(4)确定全断面开挖线

如图 7-18 所示,P、Q、O 含义同前,圆 Q 半径为 r。过 P 在圆 Q 内作水平线,交圆于 P_1,P_2。连接 Q、P 点,并延长交圆于 P_3、P_4。过 Q 作 P_1P_2 的垂线,垂足为 Q',则有

$$D_{QQ'} = |H_Q - H_{Q'}| = |H_Q - H_P| \quad (7\text{-}32)$$

$$D_{PQ}=\sqrt{(X_P-X_Q)^2+(Y_P-Y_Q)^2+(H_P-H_Q)^2} \tag{7-33}$$

故

$$D_{PQ'}=\sqrt{D_{PQ}^2-D_{QQ'}^2}=\sqrt{(X_P-X_Q)^2+(Y_P-Y_Q)^2} \tag{7-34}$$

$$D_{PP_2}=D_{P_1Q'}+D_{PQ'}=2D_{PQ'}+D_{PP_1}=2\sqrt{(X_P-X_Q)^2+(Y_P-Y_Q)^2}+D_{PP_1} \tag{7-35}$$

又

$$D_{PP_3}=D_{PQ}+D_{P_3Q}=\sqrt{(X_P-X_Q)^2+(Y_P-Y_Q)^2+(H_P-H_Q)^2}+r \tag{7-36}$$

$$D_{PP_4}=-D_{PQ}+D_{P_4Q}=-\sqrt{(X_P-X_Q)^2+(Y_P-Y_Q)^2+(H_P-H_Q)^2}+r \tag{7-37}$$

在圆 Q 内，弦 P_1P_2 与弦 P_3P_4 交于 P 点，由相交弦定理得

$$D_{PP_1}\times D_{PP_2}=D_{PP_3}\times D_{PP_4} \tag{7-38}$$

将式(7-29)~式(7-31)代入式(7-32)得

$$D_{PP_1}=-\sqrt{(X_P-X_Q)^2+(Y_P-Y_Q)^2}+\sqrt{r^2-(H_P-H_Q)^2} \tag{7-39}$$

将上式代入(7-29)得

$$D_{PP_2}=\sqrt{(X_P-X_Q)^2+(Y_P-Y_Q)^2}+\sqrt{r^2-(H_P-H_Q)^2} \tag{7-40}$$

当 P 点位于 QQ' 右侧时，有

$$D_{PP_1}=\sqrt{(X_P-X_Q)^2+(Y_P-Y_Q)^2}+\sqrt{r^2-(H_P-H_Q)^2} \tag{7-41}$$

$$D_{PP_2}=-\sqrt{(X_P-X_Q)^2+(Y_P-Y_Q)^2}+\sqrt{r^2-(H_P-H_Q)^2} \tag{7-42}$$

当 $H_P>H_Q$时，同样可得式(7-39)~式(7-42)的结论。

但 $D_{PQ}>r$ 时，式(7-39)~式(7-42)将不能使用，这时可重新采点使 $D_{PQ}\leqslant r$。

如图7-18所示，从 P 点沿半径所在的水平线，量取平距 D_{PP_1}、D_{PP_2}，可得两个边线点 P_1、P_2。因 D_{PP_2} 较大，沿着半径水平量距的精度要差些，故一般由左侧的 P 点定左侧的边点 P_1。为了确定右侧边点可通过右侧的采集点来定。

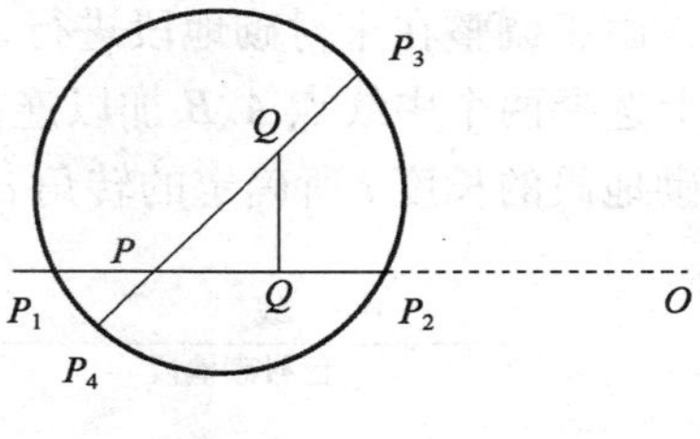

图7-18　定点

把所有采集点计算所得的边缘点，标定在开挖面上，顺序连成光滑的曲线，即是所定的全断面开挖线。

三、隧道贯通误差的测定与调整

隧道相向开挖至贯通面时，由于受测角与量距、水准测量等误差的联合影响，线路中线在平面与高程两方面均产生实际贯通误差。这种贯通误差的存在，必将影响线路中线的平顺和隧道断面尺寸与衬砌以及行车安全等。因此，当隧道贯通后，应立即进行贯通误差的测定。这一方面可以正确评价测量精度，另一方面，也为线路中线与纵坡调整、隧道断面扩大、衬砌与铺设提供必要资料。

1. 实际贯通误差的测定

由相向开挖的两条地下导线放样出来的两个贯通点之间的长度就是实际贯通误差，这一

误差在线路方向的投影就是纵向误差，而在垂直于线路中线方向的投影就是横向误差，用水准仪测定这两个实际贯通点的高程就是高程贯通误差，如图 7-19 所示。

测定实际贯通误差常用方法如下：

如图 7-19 所示，在贯通面附近任选一临界点 E，分别由相向的两条导线附近的控制点测定该点的坐标，得到两组坐标值（X_{E1}，Y_{E1}），（X_{E2}，Y_{E2}），由两边水准路线测定 E 点的高程为 H_{E1}，H_{E2}，由此 $\Delta s=\sqrt{(X_{E2}-X_{E1})^2+(Y_{E2}-Y_{E1})^2}$，即为实际贯通误差，设贯通面的方位角为 α_F，则实际纵向贯通误差为 $|\Delta s\cos\Delta\alpha|$ 和 $|\Delta s\sin\Delta\alpha|$，$\Delta\alpha=\alpha_F-\arctan\dfrac{Y_{E2}-Y_{E1}}{X_{E2}-X_{E1}}$。而 $H_{E1}-H_{E2}$ 为实际竖向贯通误差。

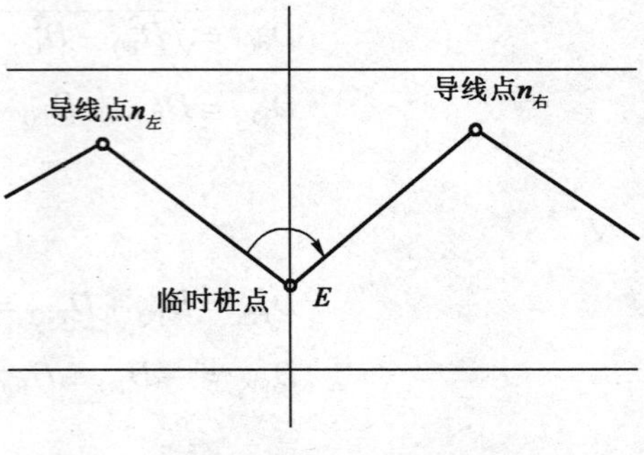

图 7-19　测定实际贯通误差

再在临时点 E 上设置经纬仪，测定连接两侧导线点的水平角 β 和边长等，这样就把两侧导线连接成一地下导线。选择其中一边，例如 $E_{n右}$，从两侧导线推算该边的方位角，其差值就是该导线的角度闭合差，或称为方位角贯通误差。

2. 贯通误差的调整

当实际贯通误差达到一定数值时，若在贯通面附近按原来测设的中线连接起来，则线路的平面形状和坡度都改变了设计位置而达不到规定的线路标准。在这种情况下，必须将洞内线路中线全部或局部加以调整。

3. 直线隧道贯通误差的调整

由于调整在未衬砌地段进行，故调整长度由未衬砌长度决定。如图 7-20 所示，在调整地段上选择两个中线点 A、B 加以连接，使之成为一条折线。横向贯通误差的调整方法是依据未衬砌地段的长度 l 所确定的转角 α 来决定。

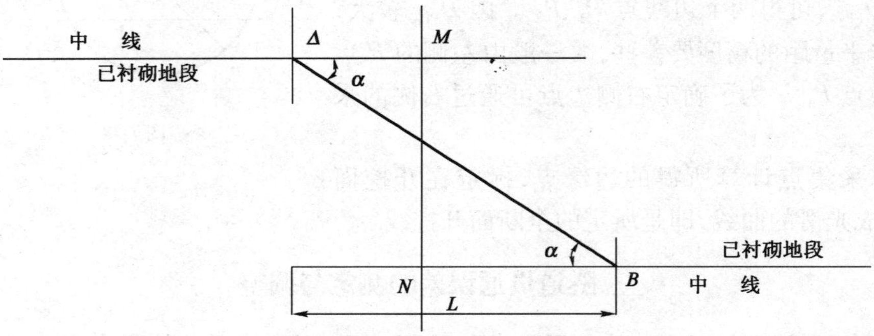

图 7-20　直线隧道贯通误差的调整

$$\alpha=\frac{MN}{l}\rho \tag{7-43}$$

当 $\alpha<5'$ 时，可作为直线线路考虑，因为若在 A、B 点以 4 000m 半径的圆相连，由此可算得其外距 E 值为

$$E=R\left(\sec\frac{\alpha}{2}-1\right)=0.4(\mathrm{mm})$$

故可认为曲线中点与交点重合。

当 $5' < \alpha < 25'$ 时，若加设 $R = 4\ 000\text{m}$ 的圆曲线时，外距也很小，不便加设曲线，可自转角顶点 A、B 向圆心方向移动，内移量可参照表7-2，衬砌时应考虑内移量对衬砌位置影响。

内 移 量 表7-2

转角(′)	5	10	15	20	25
内移值(mm)	0.4	4	10	17	26

当 $\alpha > 25'$，应在 A、B 点加设 $R = 4\ 000\text{m}$ 的圆曲线以组成反向曲线，这时要考虑反向曲线间夹直线长度是否满足铁路或公路相关规范的规定。

4. 曲线地段贯通误差的调整

首先，对于曲线隧道贯通误差的调整应注意不要改动曲线半径和缓和曲线长度，否则需经上级批准。

当调整地段全部在圆曲线上时，可按实际贯通误差，由两端向贯通面按长度成比例调整中线位置。如图7-21所示，实线为两相向的圆曲线，虚线为调整后的中线，设 J_A、J_B、J_C 为 A、B、C 点桩号，现欲要计算 A、B 点间中桩号为 J 的调整值 d，则

$$d = \frac{J - J_A}{J_C - J_A} BD \tag{7-44}$$

式中：BD——实际横向贯通误差。

同法可调整右边中线。

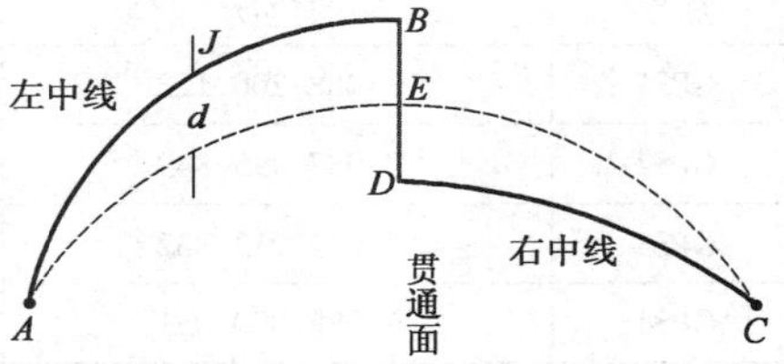

图7-21 贯穿断面图

例：如图7-21所示，已知 A、B、C 里程分别为K0+230.333、K0+310.444、K0+280.555，BD 为横向贯通误差0.232m，J 点里程为K0+280.333。则 J 点的调整值 d 为

$$d = \frac{J - J_A}{J_C - J_A}\text{BD} = \frac{280.333 - 230.333}{390.555 - 230.333} \times 0.232 = 72(\text{mm})$$

5. 高程贯通误差的调整

高程贯通误差的调整比较妥善的方法是贯通后，由进口水准点到出口水准点，作为附合水准路线重新观测和平差，以平差后导线点的高程测设中桩高程和进行其他高程施工测量工作。

当高程贯通误差在规定的限差内时，则将贯通点附近的水准点高程，采用由贯通面两端分别引测高程的平均值，作为调整后的高程。洞内未衬砌地段的各水准点高程，根据水准路线的长度对高程贯通误差按比例分配，求得调整后的高程。洞内每个水准点的高程调整好以后，未衬砌地段的施工放样以调整后水准点为准，而整体道路施工和铺设以洞内所有水准点调整后的高程为准。

第三节 隧道洞口、洞身施工测量案例

【案例一】 隧道洞外平面、高程控制测量

测量将以湖南省内某公路建设中的一隧道工程的施工测量为例，来说明隧道施工测量全过程步骤及方法。

1. 洞外平面控制测量

此隧道采用全球定位系统(GPS)法进行平面控制测量。采用全球定位系统(GPS)的定位技术进行隧道施工的地面平面控制时,只需要在进出洞口位置布设控制点和定向点,除了洞口点及其定向点之间因需要通视而应作施工定向观测外,洞口与另外洞口之间的点不需要通视,与国家控制点之间联测也不需要通视,如图 7-22 所示。

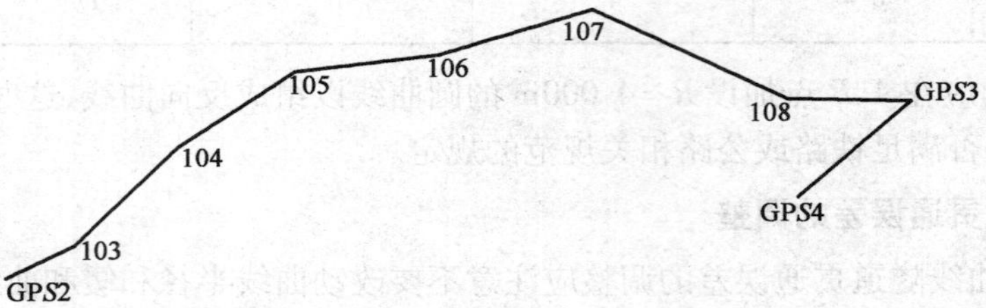

图 7-22　导线平面示意图

此隧道平面控制测量采用附合导线,用两个测回观测法测角,距离测量为往返测距取平均值。测量仪器精度为 0.5″日本索佳(SET2 130R)无棱镜电子全站仪。起始、终止点坐标采用设计院提供的 GPS 坐标成果,即为 GPS1、GPS2、GPS3、GPS4,如表 7-3 所示。

GPS 控制点的坐标及高程　　表 7-3

点号	X(m)	Y(m)	Z(m)	备注
GPS1	3 088 200 123	548 401 06	130 893	
GPS2	3 087 995 849	548 345 223	146 669	原导线点 102
GPS3	3 087 912 832	547 171 978	134 702	原导线点 109
GPS4	3 088 020 051	547 330 83	140 151	

在开始施工前,必须对控制点进行复测,导线点复测结果见表 7-4。

导线点复测成果表　　表 7-4

点号	X(m)	Y(m)	备注
GPS1	3 088 200.123	548 401.060	
GPS2	3 087 995.849	548 345.223	
103	3 087 961.857	548 251.600	
104	3 087 852.443	548 103.712	
105	3 087 770.527	547 943.144	
106	3 087 773.427	547 764.807	
107	3 087 738.378	547 557.626	
108	3 087 889.549	547 325.716	
GPS3	3 087 912.832	547 171.978	
GPS4	3 088 020.051	547 330.830	

2. 洞外 GPS 高程控制测量

洞外高程控制测量的任务,是按照测量设计中规定的精度要求,施测隧道洞口(包括隧道的进出口、竖井口、斜井口和坑道口）附近水准点的高程，作为高程引测进洞的依据。采用三、四等水准测量，当两洞口之间的距离大于1km时，在中间增设临时水准点。

本次测量严格按四等水准测量，往返较差、附合导线闭合差按平原微丘区计算，测量仪器为索佳（B20Ⅱ）水准仪，利用黑红面板尺，外带尺垫。起算点高程采用设计院提供的GPS高程成果（见表7-5～表7-7）。

洞外GPS点四等水准测量记录表（一）（单位：m） 表7-5

测站编号	后尺 下丝 / 上丝 / 后距 / 视距差 d	前尺 下丝 / 上丝 / 前距 / $\sum d$	方向及尺号	水准尺读数 黑面	水准尺读数 红面	K+黑－红	高差中数	备注
1	1.704	0.331	后107	1.567	6.253	+1		后视GPS1高程为130.893m
	1.43	0.042	前106	0.187	4.973	+1	+1.380	
	27.4	28.9	后－前	+1.380	+1.280	0		
	−1.5	−1.5						
2	2.716	0.468	后106	2.631	7.417	+1		
	2.544	0.299	前107	0.383	5.069	+1	+2.248	
	17.2	16.9	后－前	+2.248	+2.348	0		
	+0.3	−1.2						
3	2.323	0.584	后107	2.230	6.916	+1		
	2.136	0.408	前106	0.496	5.283	0	+1.733 5	
	18.7	17.6	后－前	+1.734	+1.633	+1		
	+1.1	−0.1						
4	1.187	1.592	后106	1.106	5.892	+1		
	1.025	1.422	前107	1.507	6.194	0	−0.401 5	
	16.2	17	后－前	−0.401	−0.302	+1		
	−0.8	−0.9						
5	1.892	0.564	后107	1.81	6.497	0		
	1.728	0.408	前106	0.486	5.273	0	+1.324	
	16.4	15.6	后－前	+1.324	+1.224	0		
	+0.8	−0.1						
6	2.856	0.64	后106	2.792	7.578	+1		
	2.728	0.533	前107	0.586	5.273	0	+2.205 5	
	12.8	10.7	后－前	+2.206	+2.305	+1		
	+2.1	+2.0						
7	1.733	0.982	后107	1.681	6.367	+1		
	1.628	0.87	前106	0.926	5.712	+1	+0.755	
	10.5	11.2	后－前	+0.755	+0.655	0		
	−0.7	+1.3						

续上表

测站编号	后尺 下丝	前尺 下丝	方向及尺号	水准尺读数		K+黑-红	高差中数	备注
	后尺 上丝	前尺 上丝		黑面	红面			
	后距	前距						
	视距差 d	$\sum d$						
8	1.482	0.557	后106	1.464	6.251	0		
	1.447	0.522	前107	0.538	5.225	0	+0.926	
	3.5	3.5	后-前	+0.926	+1.026	0		
	0	+1.3						
9	2.788	0.542	后107	2.77	7.456	+1		
	2.752	0.501	前106	0.522	5.307	+2	+2.248 5	
	3.6	4.1	后-前	+2.248	+2.149	-1		
	-0.5	+0.8						
1~9小计（本页小计）	18.681	6.26	后	18.05	60.63			
	17.418	5.005	前	5.63	48.31		12.419 0	
	126.3	125.5	后-前	12.42	12.32			
	0.80	0.80						
10	2.593	0.764	后106	2.577	7.363	+1		
	2.562	0.733	前107	0.748	5.435	0	+1.828 5	
	3.1	3.1	后-前	+1.829	+1.928	+1		
	0	+0.8						
10	2.689	1.162	后107	2.672	7.358	+1		
	2.655	1.136	前106	1.148	5.936	-1	+1.523	前视GPS2高程为146.669m
	3.4	2.6	后-前	+1.524	+1.422	+2		
	+0.8	+1.6						
11	2.689	1.162	后107	2.672	7.358	+1		
	2.655	1.136	前106	1.148	5.936	-1	+1.523	
	3.4	2.6	后-前	+1.524	+1.422	+2		
	+0.8	+1.6						
10~11小计（本页小计）	5.282	1.926	后	5.249	14.721			
	5.217	1.869	前	1.896	11.371		3.351 5	
	6.5	5.7	后-前	3.35	3.35			
	0.80	1.60						

洞外 GPS 点四等水准测量记录表(二)(单位:m) 表 7-6

<table>
<tr><td rowspan="4">测站编号</td><td>后尺 下丝</td><td>前尺 下丝</td><td rowspan="4">方向及尺号</td><td colspan="2">水准尺读数</td><td rowspan="4">K+黑-红</td><td rowspan="4">高差中数</td><td rowspan="4">备 注</td></tr>
<tr><td>上丝</td><td>上丝</td><td rowspan="3">黑面</td><td rowspan="3">红面</td></tr>
<tr><td>后距</td><td>前距</td></tr>
<tr><td>视距差 d</td><td>Σd</td></tr>
<tr><td rowspan="4">1</td><td>0.628</td><td>2.158</td><td>后 106</td><td>0.582</td><td>5.369</td><td>0</td><td></td><td rowspan="4">后视 GPS3 高程为 134.702m</td></tr>
<tr><td>0.538</td><td>2.06</td><td>前 107</td><td>2.108</td><td>6.795</td><td>0</td><td>-1.526</td></tr>
<tr><td>9</td><td>9.8</td><td>后-前</td><td>-1.526</td><td>-1.426</td><td>0</td><td></td></tr>
<tr><td>-0.8</td><td>-0.8</td><td></td><td></td><td></td><td></td><td></td></tr>
<tr><td rowspan="4">2</td><td>1.061</td><td>2.424</td><td>后 107</td><td>0.825</td><td>5.512</td><td>0</td><td></td><td rowspan="4"></td></tr>
<tr><td>0.59</td><td>1.95</td><td>前 106</td><td>2.187</td><td>6.973</td><td>+1</td><td>-1.361 5</td></tr>
<tr><td>47.1</td><td>47.4</td><td>后-前</td><td>-1.362</td><td>-1.461</td><td>-1</td><td></td></tr>
<tr><td>-0.3</td><td>-1.1</td><td></td><td></td><td></td><td></td><td></td></tr>
<tr><td rowspan="4">3</td><td>1.061</td><td>2.42</td><td>后 106</td><td>0.922</td><td>5.709</td><td>0</td><td></td><td rowspan="4"></td></tr>
<tr><td>0.783</td><td>2.143</td><td>前 107</td><td>2.282</td><td>6.968</td><td>+1</td><td>-1.359 5</td></tr>
<tr><td>27.8</td><td>27.7</td><td>后-前</td><td>-1.36</td><td>-1.259</td><td>-1</td><td></td></tr>
<tr><td>+0.1</td><td>-1.0</td><td></td><td></td><td></td><td></td><td></td></tr>
<tr><td rowspan="4">4</td><td>1.131</td><td>2.08</td><td>后 107</td><td>1.012</td><td>5.699</td><td>0</td><td></td><td rowspan="4"></td></tr>
<tr><td>0.893</td><td>1.839</td><td>前 106</td><td>1.96</td><td>6.747</td><td>0</td><td>-0.948</td></tr>
<tr><td>23.8</td><td>24.1</td><td>后-前</td><td>-0.948</td><td>-1.048</td><td>0</td><td></td></tr>
<tr><td>-0.3</td><td>-1.3</td><td></td><td></td><td></td><td></td><td></td></tr>
<tr><td rowspan="4">5</td><td>2.182</td><td>1.072</td><td>后 106</td><td>2.026</td><td>6.812</td><td>+1</td><td></td><td rowspan="4"></td></tr>
<tr><td>1.87</td><td>0.756</td><td>前 107</td><td>0.914</td><td>5.6</td><td>+1</td><td>+1.112</td></tr>
<tr><td>31.2</td><td>31.6</td><td>后-前</td><td>+1.112</td><td>+1.212</td><td>0</td><td></td></tr>
<tr><td>-0.4</td><td>-1.7</td><td></td><td></td><td></td><td></td><td></td></tr>
<tr><td rowspan="4">6</td><td>2.003</td><td>0.678</td><td>后 107</td><td>1.969</td><td>6.656</td><td>0</td><td></td><td rowspan="4"></td></tr>
<tr><td>1.936</td><td>0.612</td><td>前 106</td><td>0.645</td><td>5.432</td><td>0</td><td>+1.324</td></tr>
<tr><td>6.7</td><td>6.6</td><td>后-前</td><td>+1.324</td><td>+1.224</td><td>0</td><td></td></tr>
<tr><td>+0.1</td><td>-1.6</td><td></td><td></td><td></td><td></td><td></td></tr>
<tr><td rowspan="4">7</td><td>2.462</td><td>0.683</td><td>后 106</td><td>2.439</td><td>7.226</td><td>0</td><td></td><td rowspan="4"></td></tr>
<tr><td>2.416</td><td>0.638</td><td>前 107</td><td>0.661</td><td>5.347</td><td>+1</td><td>+1.778 5</td></tr>
<tr><td>4.6</td><td>4.5</td><td>后-前</td><td>+1.778</td><td>+1.879</td><td>-1</td><td></td></tr>
<tr><td>+0.1</td><td>-1.5</td><td></td><td></td><td></td><td></td><td></td></tr>
<tr><td rowspan="4">8</td><td>1.833</td><td>1.728</td><td>后 107</td><td>1.777</td><td>6.464</td><td>0</td><td></td><td rowspan="4"></td></tr>
<tr><td>1.722</td><td>1.609</td><td>前 106</td><td>1.668</td><td>6.455</td><td>0</td><td>+0.109</td></tr>
<tr><td>11</td><td>11.9</td><td>后-前</td><td>+0.109</td><td>+0.009</td><td>0</td><td></td></tr>
<tr><td>-0.9</td><td>-2.4</td><td></td><td></td><td></td><td></td><td></td></tr>
<tr><td rowspan="4">9</td><td>2.518</td><td>0.956</td><td>后 106</td><td>2.487</td><td>7.273</td><td>+1</td><td></td><td rowspan="4"></td></tr>
<tr><td>2.455</td><td>0.897</td><td>前 107</td><td>0.927</td><td>5.613</td><td>+1</td><td>+1.560</td></tr>
<tr><td>6.4</td><td>5.9</td><td>后-前</td><td>+1.560</td><td>+1.660</td><td>0</td><td></td></tr>
<tr><td>+0.5</td><td>-1.9</td><td></td><td></td><td></td><td></td><td></td></tr>
</table>

续上表

测站编号	后尺 下丝	前尺 下丝	方向及尺号	水准尺读数		K＋黑－红	高差中数	备　注
	后尺 上丝	前尺 上丝		黑面	红面			
	后距	前距						
	视距差 d	$\sum d$						
1～9 小计（本页小计）	14.879	14.199	后	14.039	56.72			
	13.203	12.504	前	13.352	55.93		0.688 5	
	167.6	169.5	后－前	0.687	0.79			
	－1.9	－1.9						
10	2.362	0.701	后 107	2.334	7.021	0		
	2.307	0.650	前 106	0.676	5.462	＋1	＋1.658 5	
	5.5	5.1	后－前	＋1.658	＋1.559	－1		
	＋0.4	－1.5						
11	2.022	1.031	后 106	1.991	6.777	＋1		
	1.959	0.967	前 107	0.998	5.685	0	＋0.992 5	
	6.3	6.4	后－前	＋0.993	＋1.092	＋1		
	－0.1	－1.6						
12	2.078	0.983	后 107	2.053	6.740	0		
	2.028	0.932	前 106	0.957	5.743	＋1	＋1.096 5	
	5	5.1	后－前	＋1.096	＋0.997	－1		
	－0.1	－1.7						
13	2.163	1.155	后 106	2.100	6.887	0		
	2.037	1.017	前 107	1.086	5.772	＋1	＋1.014 5	前视 GPS4 高程为 140.151m
	12.6	13.8	后－前	＋1.014	＋1.115	－1		
	－0.8	－2.5						
10～13 小计（本页小计）	8.625	3.87	后	8.478	27.425			
	8.331	3.566	前	3.717	22.662		4.762 0	
	29.4	30.4	后－前	4.76	4.76			
	－0.60	－2.50						

水准点成果对比表　　表 7-7

点　　号	设计高程（m）	设计高差（m）	实际高差（m）	偏差值（mm）	允许偏差（mm）	备　注
GPS1	130.893	＋15.776	＋15.7705	－5.5	$\pm 20\sqrt{l} = \pm 10.3$	各点的高程采用由设计院提供的 GPS 高程
GPS2	146.669					
GPS1	130.893	＋3.809	＋3.819	＋10.0	$\pm 20\sqrt{l} = \pm 35.6$	
GPS3	134.702					
GPS3	134.702	＋5.449	＋5.4505	＋1.5	$\pm 20\sqrt{l} = \pm 12.6$	
GPS4	140.151					

【案例二】 隧道进洞施工放样

如图7-23所示为某隧道线路平面图，洞外控制点投1、投2、投3、投4、投5、投6，有意设在三条切线上，用以确定这三条切线方向，横1和横2标定横洞的开挖方向，所有这些点都纳入了地面控制网中，经平差后获得了这些点的精密坐标，如表7-8所示。

隧道进出口控制点坐标 表7-8

点 号	X(m)	Y(m)	点 号	X(m)	Y(m)
投1	2 000.000	2 000.000	投6	1 713.715	2 515.471
投2	1 731.299	2 268.703	横1	1 969.661	2 182.573
投3	1 631.585	2 214.204	横2	1 871.621	2 379.743
投4	1 637.667	2 370.414	A	1 656.960	2 425.943
投5	1 838.877	2 421.807			

该隧道自进口 A 起进入一曲线段，接着进入一夹直线，再进入第二条曲线，最后从直线段处出洞。因此，整个隧道包括两段直线和两段曲线，为一螺旋形隧道。两个交点 JD_1 和 JD_2 的圆曲线半径和缓和曲线长都为 $R=400m$，$L_s=110m$，除进口和出口外，在靠近出口处设一横洞，以增加开挖面。横洞中心线与正洞中线的交点为 Q。投1桩号为K189+225.735。

试对该隧道进行线路进洞关系计算和放样。

解：

(1)由投1、投2、投3、投4、投5和投6的坐标反算出各切线边的方位角为

$$\alpha_{12}=135°, \alpha_{34}=87°46'13.2'', \alpha_{56}=143°11'28.0''$$

由此计算出 JD_1 和 JD_2 的偏角

$$\alpha_1=47°13'46.8'', \alpha_2=304°34'45.2''$$

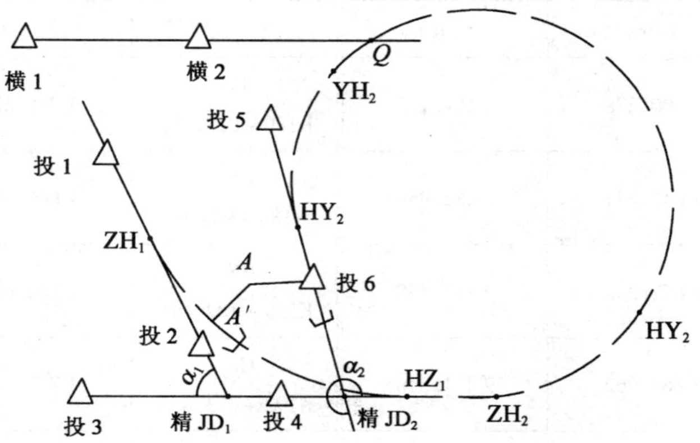

图7-23 隧道线路平面图

(2)计算两交点的曲线要素，计算公式为

$$\left.\begin{aligned} T &= (R+P)\tan\frac{\alpha}{2}+Q \\ L &= R\alpha\frac{\pi}{180}+L_s \end{aligned}\right\} \tag{7-45}$$

其中　$P=\frac{L_s^2}{24R}+\frac{L_s^4}{2\,688R^3}, Q=\frac{L_s}{2}-\frac{L_s^3}{240^{2}}$

计算结果为

$$JD_1: T=230.395\text{m}, L=439.725\text{m}$$

$$JD_2: T=155.794\text{m}, L=2\,236.364\text{m}$$

注意,在按上式计算 JD_2 切线长 T 时,所求得负值。

(3)计算由投 1 沿路线中线到出洞的各圆曲线(直线段作圆曲线段看待)和缓和曲线段长度并求路线各主点坐标。为此由下式计算投 1 到 JD_1 的直线段长:

$$s=\frac{(X_1-X_3)\sin\alpha_{34}-(Y_1-Y_3)\cos\alpha_{34}}{\sin(\alpha_{12}-\alpha_{34})}$$

$$=\frac{(2\,000-1\,631.585)\sin87°46'13.2''-(2\,000-2\,214.204)\cos87°46'13.2''}{\sin(135°-87°46'13.2'')}$$

$$=512.845(\text{m})$$

由此求得投 1 到 ZH_1 的长度为 282.45m。同样,还可求出投 3 到 JD_1 和投 3 到 JD_2 的距离分别为 148.544m 和 352.726m,而 JD_1 和 JD_2 的距离为上述两值之差,差值为 204.182m。由此得 HZ_1 到 ZH_2(夹直线)的距离为

$$T_2-(T_1-\text{两交点间距})=155.794-(230.395-204.182)=129.581(\text{m})$$

而两交点间曲线中圆曲线段长分别为 219.725m 和 2 016.364m,由此从投 1 开始中线段投 1—ZH_1—HY_1—YH_1—HZ_1—ZH_2—HY_2—YH_2—HZ_2—JD_2 各段长依次为 282.45、110、219.725、110、129.581、110、2 016.364、110、155.794(m)。

以上各段曲线符合圆曲线和缓和曲线相间的特性,各相接点的曲率半径是显然的,故可计算各主点的桩号和坐标。其结果列于表 7-9 中。

计算结果　　表 7-9

点　　号	X(m)	Y(m)	点　　号	X(m)	Y(m)
ZH_1 K189 + 225.735	1 800.278	2 199.722	HY_1 K189 + 618.186	1 726.203	2 280.917
YH_1 K189 + 837.910	1 647.087	2 482.951	HZ_1 K189 + 947.91	1 646.327	2 592.856
ZH_2 K190 + 77.491	1 651.368	2 722.339	HY_2 K190 + 187.491	1 660.671	2 831.853
YH_2 K192 + 203.855	1 860.962	2 411.570	HZ_2 K192 + 313.855	1 770.042	2 473.321
JD_2 K192 + 469.649	1 645.307	2 566.664			

作为校核,由投 3 坐标和投 3 到 JD_2 的方位角、边长算得 JD_2 的坐标为

$$\left.\begin{aligned}X&=1\,645.308\text{m}\\Y&=2\,566.662\text{m}\end{aligned}\right\}$$

两者相差最大为 2mm,可见计算无误。

(4)计算洞口投点 A 的移桩数据和进洞方向拨角

按点到中线的垂距计算得垂距和垂足 A' 的桩号坐标和切线方位角为 $s_{AA'}=0.030\text{m}$，A' 的桩号 K189 +780，坐标为

$$X_{A'}=1\ 656.931\text{m}$$
$$Y_{A'}=2\ 425.936\text{m}$$
$$\alpha_{A'}=103°56'36.9''$$

由投 6、A、A' 三点坐标求出拨角投 $6AA'=136°18'56.4''$，拨距 $s_{AA'}$ 上面已求出，再计算 A' 点的切线与 A' 到投 6 方向的夹角为 $57°37'00.2''$。在 A' 点后视投 6，拨该角值可得进洞切线方向。

(5)横洞中心线与正洞中线的相交计算

由横 1、横 2 的坐标计算出横 1 到横 2 的方位角 $\alpha=284°29'40.1''$，再按直线与曲线相交计算的方法得横 1 到交点 Q 的间距、交点桩号、坐标和切线方位角。

横 1 到 Q 的间距为 260.29m。

Q 点的桩号为 K192 +212.120，坐标为

$$X_Q=1\ 853.771\text{m}$$
$$Y_Q=2\ 415.64\text{m}$$
$$\alpha_Q=149°55'49.0''$$

【案例三】 隧道洞门施工放样

洋坪隧道位于某高速公路 A11 合同段内，为分离式 4 车道高速公路隧道，隧道衬砌设计采用单心圆曲墙式衬砌，明洞衬砌采用 C25 钢筋混凝土结构，其左右线出口端洞门形式设计都为削竹式洞门，洞门端墙坡度为 1 : 1，洞门端衬砌截面为一不规则面，如图 7-24 所示。

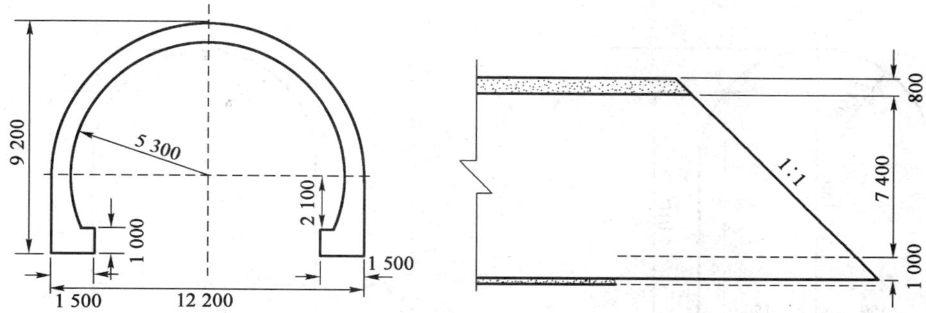

图 7-24　削竹式洞门施工放样(尺寸单位:mm)

测量放线时，应注意以下两点：

(1)要计算截面轮廓线上关键点的相对坐标。

(2)衬砌挡头模板的尺寸。

解决方法：利用三维模型进行计算，只需要严格按设计尺寸建立起洞门端衬砌的立体实体模型，则截面轮廓线上关键点的相对坐标及衬砌挡头模板尺寸就可以在三维坐标系下利用 AutoCAD 的计算功能在三维实体模型上自动进行计算，如图 7-25 所示。

【案例四】 隧道洞身施工放样

已知某隧道断面资料如图 7-26 所示，按要求进行隧道断面放样。具体过程如下。

(1)隧道断面位于直线上

依据上述方法建立图中的坐标系 XOY,P 点为待放样点,设计高程为 $H_{P}=30.155\text{m}$,测站点 A 距离放样断面距离 $D_{AB}=10\text{m}$,$H_{A}=20.055\text{m}$,仪器高 $i=1.2\text{m}$。P 点放样数据 α、β 计算过程如下:

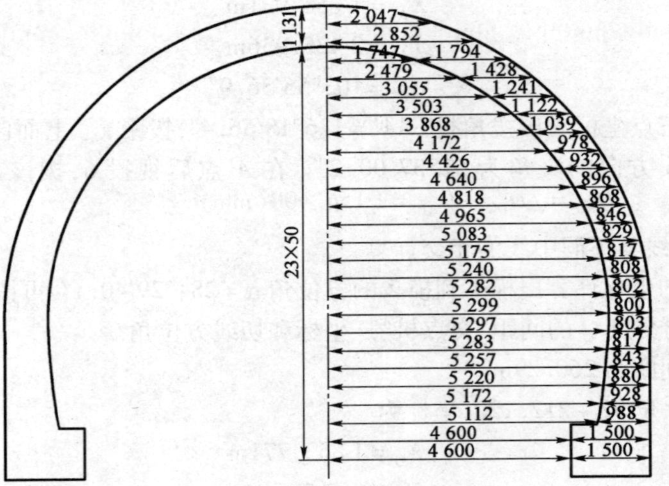

图 7-25　洞门施工放样尺寸(尺寸单位:mm)

$$\beta=\arctan\frac{D_{BC}}{D_{AB}}=\arctan\frac{X_{P}}{D_{AB}}=\arctan\frac{355}{1\,000}=19°32'42''$$

$$\alpha=\arctan\frac{H_{P}-H_{A}-i}{D_{AC}}=\arctan\frac{30.155-20.055-1.20}{\sqrt{10^{2}+3.55^{2}}}=39°59'14''$$

(2)隧道断面位于圆曲线上(图 7-27)

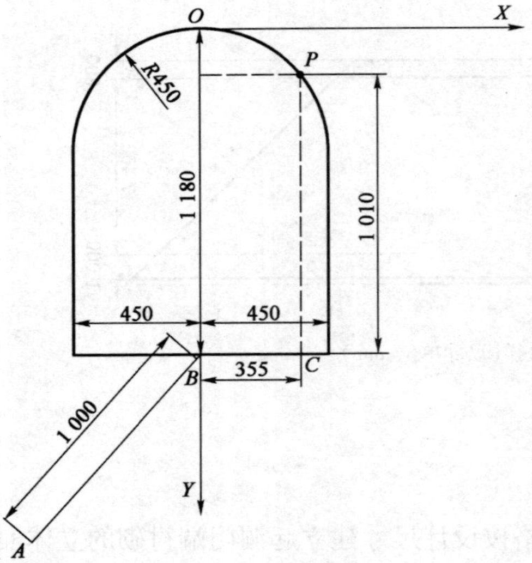

图 7-26　隧道断面图(尺寸单位:cm)

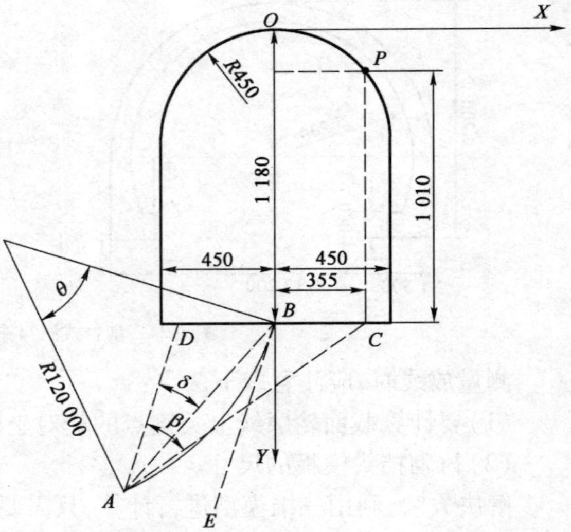

图 7-27　圆曲线隧道断面(尺寸单位:cm)

当在圆曲线上放样隧道断面 P 点时,计算过程如下:

$$\theta=\arctan\frac{500}{120\,000}\times\frac{180°}{\pi}=47°39'41''$$

$$\delta=\frac{\theta}{2}=23°45'20''$$

$$D_{AB}=2R\sin\delta=2\times1\,200\times23°45'20''=966.805(\text{mm})$$

$$D_{AD}=D_{AB}\cos\delta=966.805\times\cos23°45'20''=884.890(\text{mm})$$

$$D_{DB}=D_{AB}\sin\delta=966.805\times\sin23°45'20''=389.463(\text{mm})$$

$$D_{DC}=X_P+D_{DB}=355+389.463=744.463(\text{mm})$$

$$D_{AC}=\sqrt{D_{DC}^2+D_{AD}^2}=1\,156.400(\text{mm})$$

$$\beta=\arctan\frac{D_{DC}}{D_{AD}}=\arctan\frac{X_P}{D_{AB}}=40°04'27''$$

(3)隧道断面位于缓和曲线上(图 7-28)

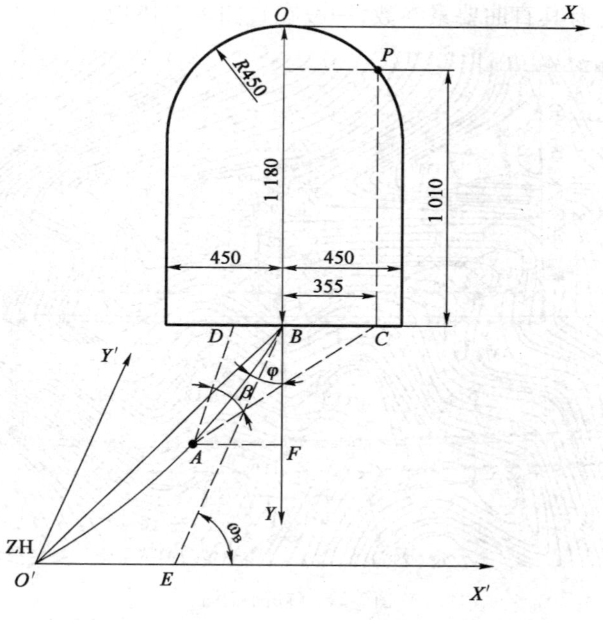

图 7-28　缓和曲线隧道断面(尺寸单位:cm)

当在缓和曲线上放样隧道断面 P 点时,计算过程如下(已知 $i_A=50\text{m}$,$i_B=110\text{m}$,$i_S=60\text{m}$,$R=1\,000\text{m}$):

$$X'_A=50-\frac{50^5}{40\times1\,000^2\times60^5}=50.000(\text{m})$$

$$Y'_A=\frac{50^3}{6\times1\,000\times60}-\frac{50^7}{336\times1\,000^3\times60^3}=0.347(\text{m})$$

$$X'_B=100-\frac{100^5}{40\times1\,000^2\times60^5}=100.000(\text{m})$$

$$Y'_B=\frac{100^3}{6\times1\,000\times60}-\frac{100^7}{336\times1\,000^3\times60^3}=2.776(\text{m})$$

$$\omega_B = \frac{100^2}{2 \times 1\,000 \times 60} \times \frac{180°}{\pi} = 4°46'29''$$

$$D_{AB} = \sqrt{(X'_B - X'_A)^2 + (Y'_B - Y'_A)^2} = 50.059\,(\mathrm{mm})$$

$$\varphi = \arctan \frac{50}{2.429} = 87°13'08''$$

$$\delta = \varphi - (90° - \omega_B) = 1°59'37''$$

学生实训　隧道施工放样图识读

下面以湖南省某高速隧道为例，要求学生读懂隧道施工测量放样图纸。

【实训一】　隧道平面图（图7-29）

由于高速公路隧道横向净空要求比较高，所以高速公路隧道一般做成双向双洞的形式，分左右两条线，两条线各有其直曲要素参数，一般在直曲表中体现。

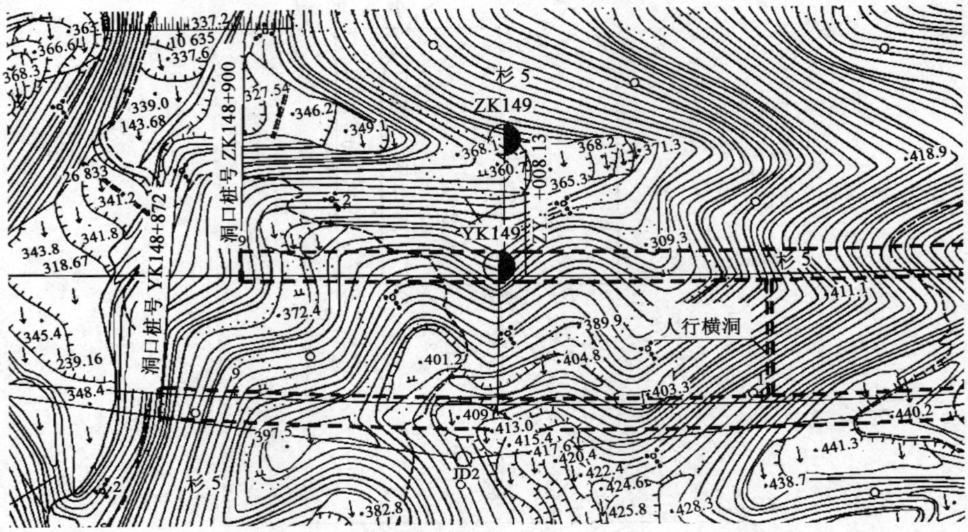

图7-29　隧道平面图

要求：从平面图上主要获取以下信息：

(1)洞口的起止位置及桩号；

(2)左右两隧洞的相对位置；

(3)左右两隧洞之间人行横洞和车行横洞的布置；

(4)紧急停车带的布置；

(5)其他平面布置。

【实训二】　隧道纵断面图（图7-30）

要求：从纵断面图主要获取以下信息：

(1)隧道内道路中线处地面高程和设计高程；

(2)隧道纵断面图一般分左线和右线，分开成图；

(3)在图形部分，隧道纵断面图地面线使用专用的符号绘出了地质情况，隧道设计线有两条(底面和顶面)；

(4)在表格部分,隧道纵断面图的地质描述更加精确详细,还有围岩类别、衬砌、预留洞室等隧道所特有的栏目。

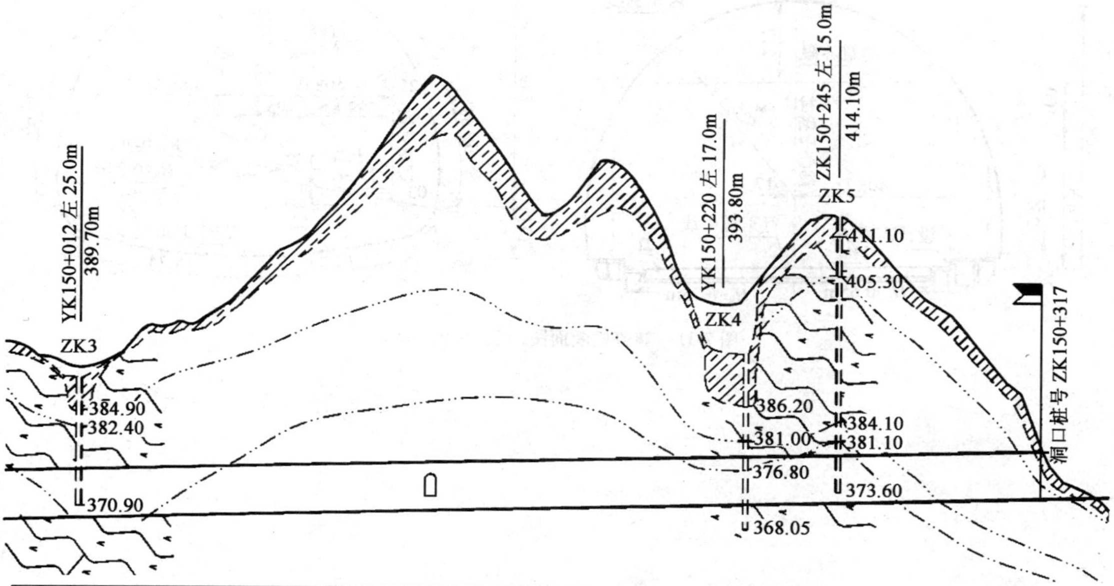

项目						
地质概况	围岩以弱风化硅化板岩为主，节理发育，发育两组倾角较陡的节理，岩体被切割呈块石状。弹性波速为 2 500~3 000km/s		围岩以强风化硅化板岩为主，岩体受构造影响较重，风化裂隙发育、岩体被切割呈块、碎石状。弹性波速为 1 500~2 000km/s	围岩以弱风化硅化板岩为主，岩体受构造影响较重，节理发育，岩体被切割呈块石状，弹性波速为 2 500~3 000km/s		
围岩类别	IV		III	IV		
衬砌 形式	SJ	S4	S3a	S4	S3b	
衬砌 长度(m)	40	46.5	61	177	65	
设计高程(m)						371.99
地面高程(m)						413.48
坡度(%)	1.042%					
坡长(m)	1 800					
里程桩号	K149+850.000　9　+942		+947　+998	+003　+087	+100　2　+245	
直线及平曲线	737.86					
预留洞室						

图 7-30　隧道纵断面图

【实训三】　隧道横断面图(图 7-31)

要求:从横断面图主要获取以下信息:

(1)隧道横断面没有像道路横断面那样的逐桩横断面图,因为隧道横断面没有路堤填筑和路堑开挖,因此,除了超高、加宽,在一般情况下每个桩号的横断面都是相同的;

(2)与道路横断面相比,隧道是在有限的空间中,因此有建筑界限或横断面净空的要求。

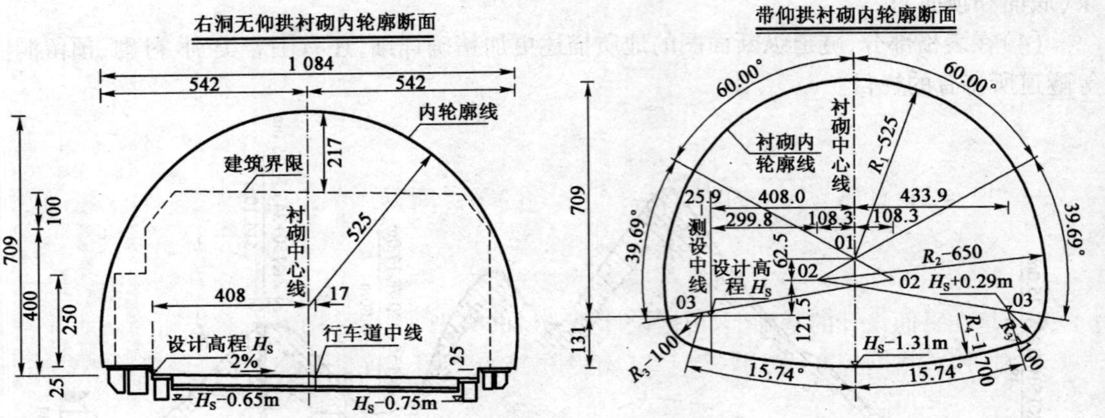

图 7-31　隧道横断面图(尺寸单位:cm)

项目八 交叉口施工放样

道路交叉口设计作为道路的重要组成部分，它直接影响道路的使用功能、通行能力和安全程度。一般来说，道路交叉口设计分为三大部分，即平面设计、立面设计和横断面设计。

平面设计一般包括道路中心线、车行道、人行道、缘石半径及交叉口设计计算范围的确定。立面设计是在平面设计的基础上，根据设计交叉口的类型、特点选用方格网法和等高线法，大型交叉口选用方格网等高线法计算交叉口范围的施工高程。横断面设计主要是选择路拱的形式，常用形式有：抛物线形路拱、直线形路拱、折线形路拱。

第一节 平面交叉口施工放样案例

【案例一】 Y 形平面交叉口设计与施工放样

已知湖南省某高速公路耒阳市一平面交叉口，一匝道为耒阳—大市方向，另一匝道为耒阳—衡阳方向，两公路匝道构成 Y 形平面交叉口。根据设计文件设计要求，该平面交叉采用分道转弯和加铺转角的组合形式，如图 8-1 所示。

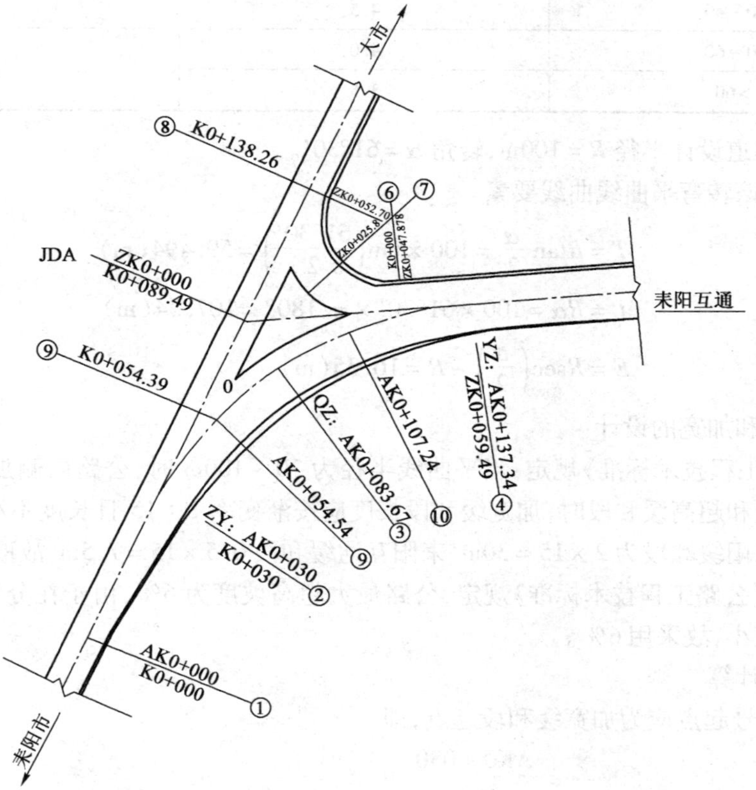

图 8-1 平面交叉口布置形式

1. 交叉口平面设计

1)*A* 匝道

如图 8-1 所示,*A* 匝道拟采用分道转弯式的布置形式。由于该匝道交通量不大,转弯车辆较多,为了使车辆行驶各行其道,车流渠化,因此采用分道转弯式。一般采取设置导流岛和划分行车道,以及增设左转或右转附加车道等措施使车流渠化。转弯车道或附加车道宽度一般为 3~3.5m,转弯车道平曲线部分宽度如表 8-1 所示。

公路转弯车道平曲线部分的宽度 表 8-1

<table>
<tr><th rowspan="2">转弯平曲线半径(m)</th><th colspan="2">圆曲线部分宽度(m)</th></tr>
<tr><th>牵引式半挂车</th><th>载重汽车</th></tr>
<tr><td>13~14</td><td>8.5</td><td rowspan="2">5.5</td></tr>
<tr><td>14~15</td><td>8.0</td></tr>
<tr><td>15~16</td><td>7.5</td><td rowspan="3">5.0</td></tr>
<tr><td>16~17</td><td>7.0</td></tr>
<tr><td>17~19</td><td>6.5</td></tr>
<tr><td>19~21</td><td>6.0</td><td rowspan="2">4.5</td></tr>
<tr><td>21~25</td><td>5.5</td></tr>
<tr><td>25~30</td><td>5.0</td><td rowspan="2">4.0</td></tr>
<tr><td>30~40</td><td>4.5</td></tr>
<tr><td>40~60</td><td>4.0</td><td rowspan="2">3.5</td></tr>
<tr><td>>60</td><td>3.5</td></tr>
</table>

该转弯车道设计半径 $R = 100\text{m}$,转角 $\alpha = 61°30'$。

(1)计算该转弯平曲线曲线要素

$$T = R\tan\frac{\alpha}{2} = 100 \times \tan\left(\frac{61°30'}{2}\right) = 59.494(\text{m})$$

$$L = R\alpha = 100 \times 61°30' \times \pi/180° = 107.34(\text{m})$$

$$E = R\sec\left(\frac{\alpha}{2}\right) - R = 16.35(\text{m})$$

(2)超高和加宽的设计

按《公路工程技术标准》规定:当平曲线半径为 70~100m 时,公路内侧加宽 $B_j = 2\text{m}$。在不设缓和曲线和超高缓和段时,加宽缓和段长度应按渐变率 1 : 15 且长度不小于 10m 的要求设置。所以耒阳缓和段为 $2 \times 15 = 30\text{m}$,耒阳互通缓和段 $0.5 \times 15 = 7.5\text{m}$,故取 10m。

超高:按《公路工程技术标准》规定,公路最大超高坡度为 6%,由于在分道转弯式的平曲线半径普遍较小,故采用 6%。

(3)桩号计算

A 匝道桩号起点应为加宽缓和段起点,即

ZY: AK0+030

QZ: $\text{AK0} + 030 + \frac{L}{2} = \text{AK0} + 083.67$

YZ：

$$AK0+083.67+\frac{L}{2}=AK0+137.34$$

2)B 匝道

如图 8-1 所示，B 匝道采用加铺转角式的布置形式。由于该匝道交通量不大，速度不高，转弯车辆少，因此在此交叉路口设置一简单的平面交叉，所以采取简易类型的加铺转角式平面交叉口。即在交叉路口的每一处转角，都用圆曲线展宽各个转角，使右转车辆能顺利的转入右转岔道，减少了对直行车辆的干扰，其右转车速一般在 10～25km/h 范围内。

其岔道转弯半径可根据表 8-2 选用。

匝道半径的选择 表 8-2

公 路 等 级	二	三	四
曲线半径(m)	10～35	10～27	7～27

根据以上计算，该曲线半径拟设计为 $R=25\text{m}$，转角 $\alpha=118°30'$。

(1)计算曲线要素

$$T=R\tan\frac{\alpha}{2}=25\times\tan\left(\frac{118°30'}{2}\right)=42.02(\text{m})$$

$$L=R\alpha=25\times118°30'\times\pi/180°=51.705(\text{m})$$

$$E=R\sec\left(\frac{\alpha}{2}\right)-R=23.90(\text{m})$$

(2)计算桩号

ZY：

$$BK0+000$$

QZ：

$$BK0+000+\frac{L}{2}=BK0+025.85$$

YZ：

$$BK0+025.85+\frac{L}{2}=BK0+051.71$$

2. 交叉口纵断面设计

该平面交叉为三岔，两条转弯匝道(即 A、B 匝道)与耒阳—大市的直行道路形成既相互独立又相互关联的交叉口。所以在纵面设计时既要考虑各个独立匝道的因素又要考虑与相邻岔道的联系。

(1)道路资料：两条相交直道的纵坡分别为 -0.3% 和 1.2%；

(2)选取交叉范围内的高程控制点。下面以 A 转弯曲线为例说明。

由图 8-1 可知，该转弯曲线应独立进行纵面设计，但是从 ZY 点到图中 O 点，曲线路段与相邻直道衔接为一个整体路面。所以在进行独立设计时必须考虑到衔接线的高程，即从理论上该衔接线上任何一点或多点均可为高程控制点。

通过对横坡的超高过渡的综合考虑，将 AK0+054.54 作为高程控制断面。

计算该断面中线设计高程：

由耒阳—大市的纵面设计可知在 K0+054.39 断面的设计高程为 77.51m，结合横坡计算右侧边缘高程为

$$H_Y=77.51-3\times2\%=77.45\text{m}$$

由图 8-2 可知该高程即为 AK0+054.54 断面的设计高程。

即在进行纵面设计时必须在该断面处的设计高程为 77.45m。

(3)纵坡和竖曲线设计

该竖曲线半径为 $R=2\ 500\text{m}$,两相邻纵坡分别为 $-0.521\ 7\%$ 和 1.457%,于是可计算出相应曲线要素以及各设计高程(图 8-3)。

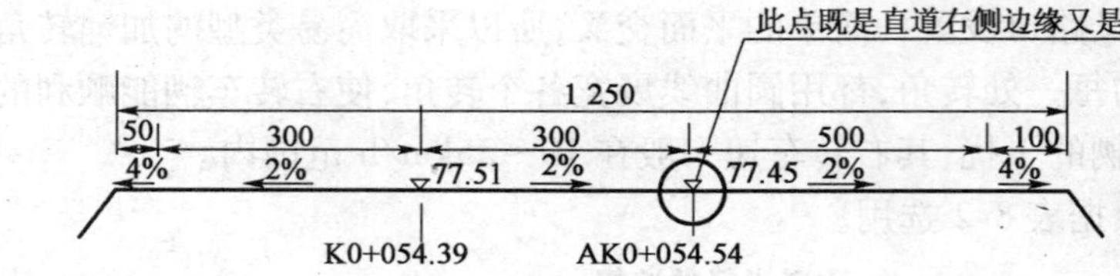

图 8-2 *A* 匝道的横断面图(尺寸单位:cm)

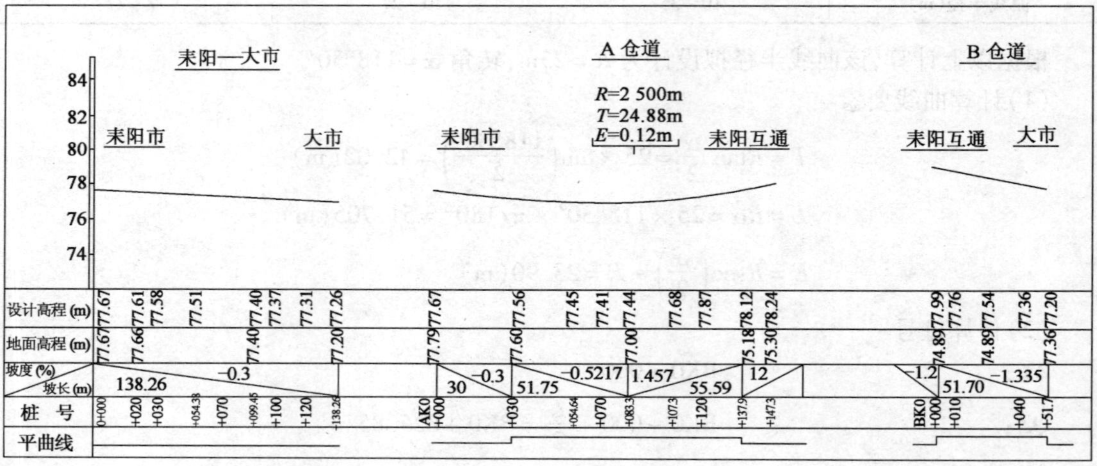

图 8-3 *A*、*B* 叉道和直道纵断面设计图

①注意,为了保证直道和转弯曲线在衔接线处高程一致,必须通过横坡向单向超高的逐渐过渡来完成。

②同理可完成 *B* 匝道转弯曲线的纵断面设计,设计见图 8-3。

3. 交叉口横断面设计

结合各断面的设计高程以及曲线上的加宽和超高,绘出各个断面的设计图见图 8-4。

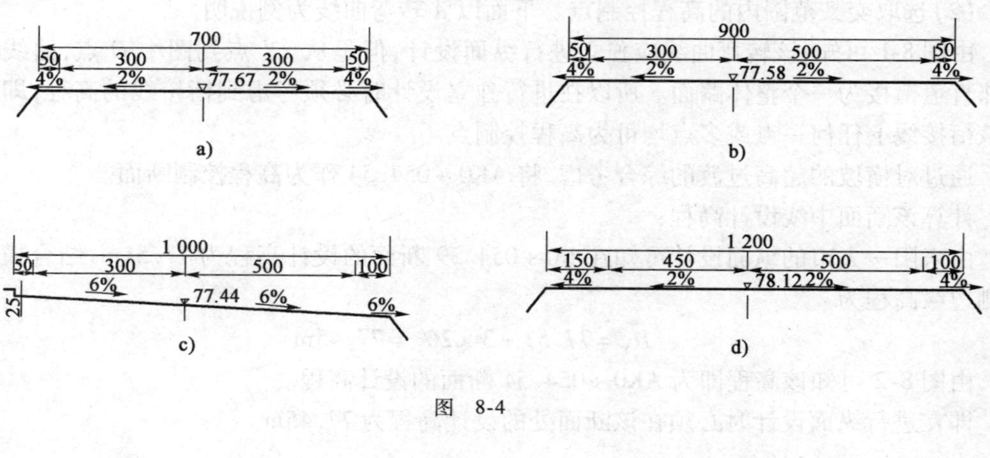

图 8-4

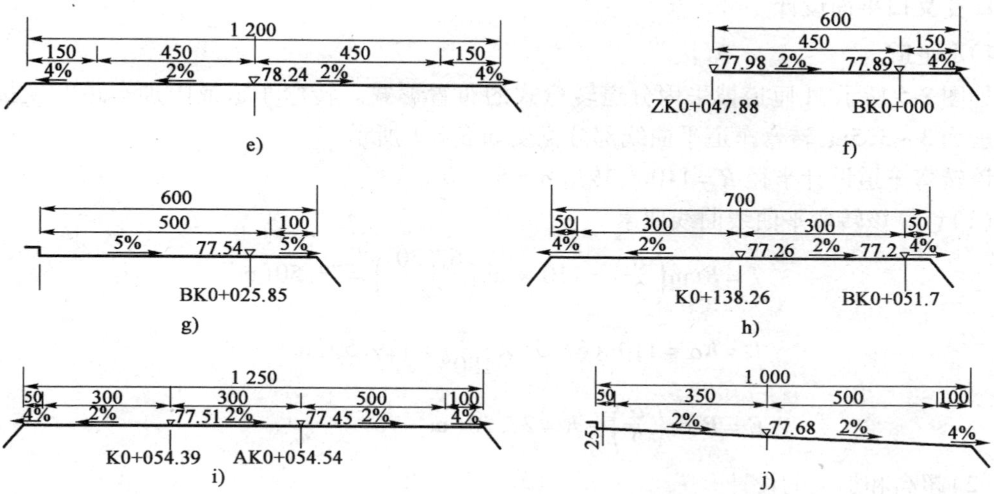

图 8-4　各重要断面的横断面设计图(尺寸单位:cm)

【案例二】　*X* 形平面交叉口设计与施工放样

本交叉是湖南省耒阳市内一十字平面交叉口,由耒阳—湘潭和宜章—耒阳互通两段公路形成十字交叉。根据设计要求在三个岔道转弯处设计为分道转弯式,如图 8-5 所示。

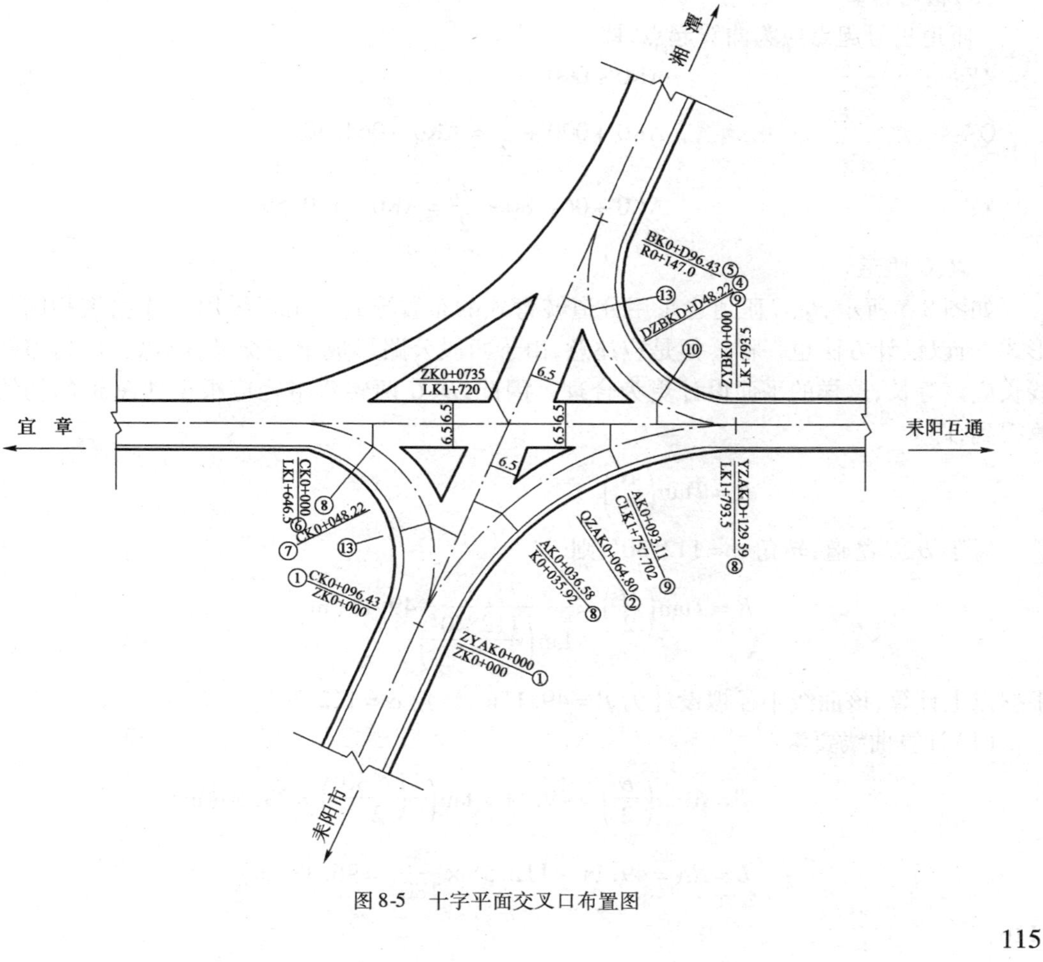

图 8-5　十字平面交叉口布置图

1. 交叉口平面设计

1)A 匝道

如图 8-5 所示,A 匝道拟采用分道转弯式的布置形式。转弯车道或附加车道宽度按照要求一般为 3 ~ 3.5m,转弯车道平曲线部分宽度如表 8-1 所示。

该转弯车道设计半径 $R = 110\text{m}$,转角 $\alpha = 67°30'$。

(1)计算该转弯平曲线曲线要素

$$T = R\tan\left(\frac{\alpha}{2}\right) = 110 \times \tan\left(\frac{67°30'}{2}\right) = 73.50(\text{m})$$

$$L = R\alpha = 110 \times 67.5° \times \frac{\pi}{180°} = 129.59(\text{m})$$

$$E = R\sec\left(\frac{\alpha}{2}\right) - R = 22.30(\text{m})$$

(2)超高和加宽的设计

加宽:由于该两段公路路面宽度单侧均达到 6m,对于汽车的转弯来看已经具有充分的转弯宽度,所以该转弯岔道可不设加宽值。

超高:按《公路工程技术标准》规定,公路最大超高坡度为 6%,由于在分道转弯式的平曲线半径普遍较小,故采用 6%。

(3)桩号计算

A 匝道桩号起点应为曲线起点,即

ZY: AK0 + 000

QZ: $\text{AK0} + 000 + \frac{L}{2} = \text{AK0} + 064.80$

YZ: $\text{AK0} + 064.80 + \frac{L}{2} = \text{AK0} + 129.59$

2)B、C 匝道

如图 8-5 所示,B、C 匝道也采用分道转弯式的布置形式。由于采用与 A 岔道相同的布置形式,所以设计方法也一样。但是应注意,由于两段公路形成十字交叉,所以三段岔道转弯切线长应该等长,这样的平面设计更为合理。因此,B、C 两转弯半径应根据 A 岔道的切线长反算得到,即

$$R = T\tan\left(\frac{\alpha}{2}\right)$$

对于 B、C 岔道,转角 $\alpha = 112°30'$,则

$$R = T\tan\left(\frac{\alpha}{2}\right) = \frac{73.5}{\tan\left(\frac{112°30'}{2}\right)} 49.11(\text{m})$$

根据以上计算,该曲线半径拟设计为 $R = 49.11\text{m}$,转角 $\alpha = 112°30'$。

(1)计算曲线要素:

$$T = R\tan\left(\frac{\alpha}{2}\right) = 49.11 \times \tan\left(\frac{112°30'}{2}\right) = 73.50(\text{m})$$

$$L = R\alpha = 49.11 \times 112.5° \times \frac{\pi}{180°} = 96.43(\text{m})$$

$$E = R\sec\left(\frac{\alpha}{2}\right) - R = 39.29(\mathrm{m})$$

（2）计算桩号：

ZY：　BK0 +000　　　　　　　　　　CK0 +000

QZ：　$BK0+000+\frac{L}{2}=BK0+048.22$　　　　$CK0+000+\frac{L}{2}=CK0+048.22$

YZ：　$BK0+048.22+\frac{L}{2}=BK0+096.43$　　　　$CK0+048.22+\frac{L}{2}=CK0+096.43$

2. 交叉口的纵断面设计

由于该平面交叉为三岔，两条转弯匝道（即 *A*、*B* 匝道）与耒阳—大市的直行道路形成既相互独立又相互关联的交叉口。所以在纵面设计时既要考虑各个独立匝道的因素又要考虑与相邻岔道的联系。

（1）道路资料：如图 8-5 所示。

（2）选取交叉范围内的高程控制点。下面以 *A* 转弯曲线为例来说明。

由图 8-5 可知，该转弯曲线应独立进行纵面设计，但是从 ZY 点到图中 *O* 点曲线路段与相邻直道衔接为一个整体路面。所以在进行独立设计时必须考虑到衔接线的高程，即从理论上该衔接线上任何一点或多点均可为高程控制点。

通过对横坡的超高过渡的综合考虑，将 AK0 +036.58 为高程控制断面，即图 8-5 中 8 号断面。该断面转弯中线两侧路面相等，均为 6m。所以也可以根据该条件来确定该控制断面的具体位置。下面计算该断面中线设计高程：

由耒阳—湘潭市的纵面设计可知，在叉 K0 +035.92（AK0 +036.58）断面的设计高程为 89.22m，结合横坡计算右侧边缘高程为

$$H_Y = 89.22 - 6 \times 2\% = 89.13\mathrm{m}$$

由图 8-6 可知，该高程即为 AK0 +036.58 断面的设计高程。

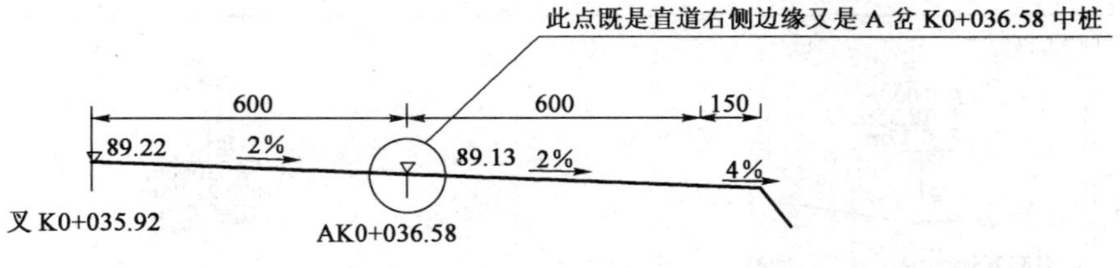

图 8-6　*A* 匝道 8 号横断面图（尺寸单位：cm）

即在进行纵面设计时必须在该断面处的设计高程为 89.13m。同理，在该交叉中断面 9、10、11、12、13 均为此类控制点，计算方法同上。

（3）纵坡和竖曲线设计

在纵面设计中，*A*、*B*、*C* 三个岔道上均应设计竖曲线。*A* 岔道：竖曲线半径 $R = 8\,000\mathrm{m}$，前后纵坡度为 $i_1 = 1.9\%$ 和 $i_2 = 1.28\%$ 。则

$$\omega = i_1 - i_2 = 0.62\%$$

$$L = R\omega = 8\,000 \times 0.62\% = 49.6\mathrm{m}$$

$$T = R\omega = \frac{L}{2} = 49.6/2 = 24.8\mathrm{m}$$

$$E=\frac{T^2}{2R}=0.04\text{m}$$

B、C 叉道竖曲线计算同上。

注意:在进行纵坡和竖曲线设计时应满足《公路工程技术标准》的有关规定。

①为了保证直道和转弯曲线在衔接线处高程一致,必须通过横坡向单向超高的逐渐过渡来完成。

②完成设计如图 8-7 和图 8-8 所示。

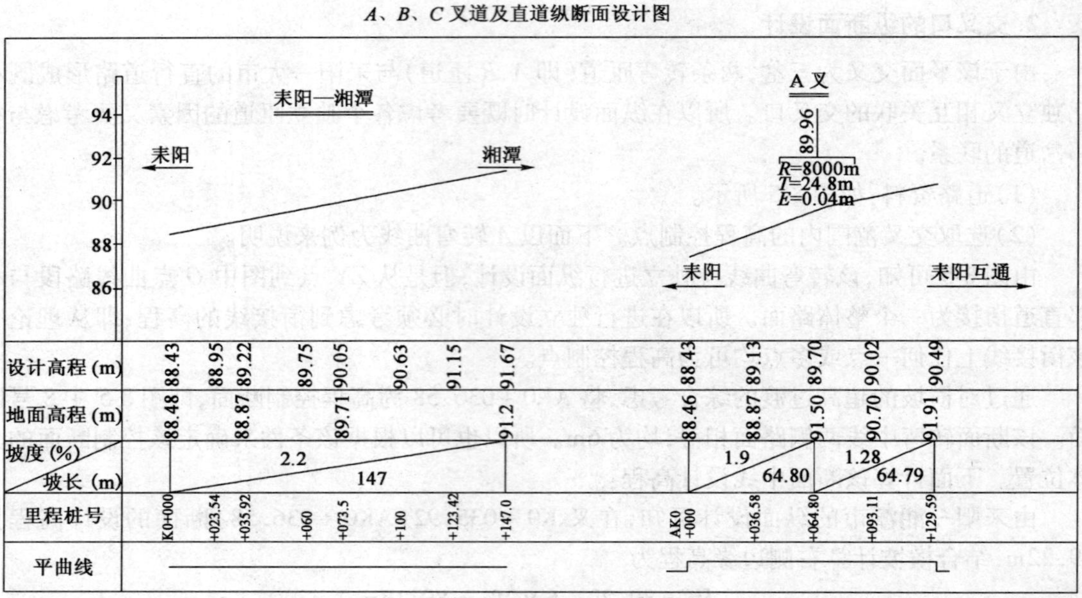

图 8-7　*A* 匝道纵断面设计图

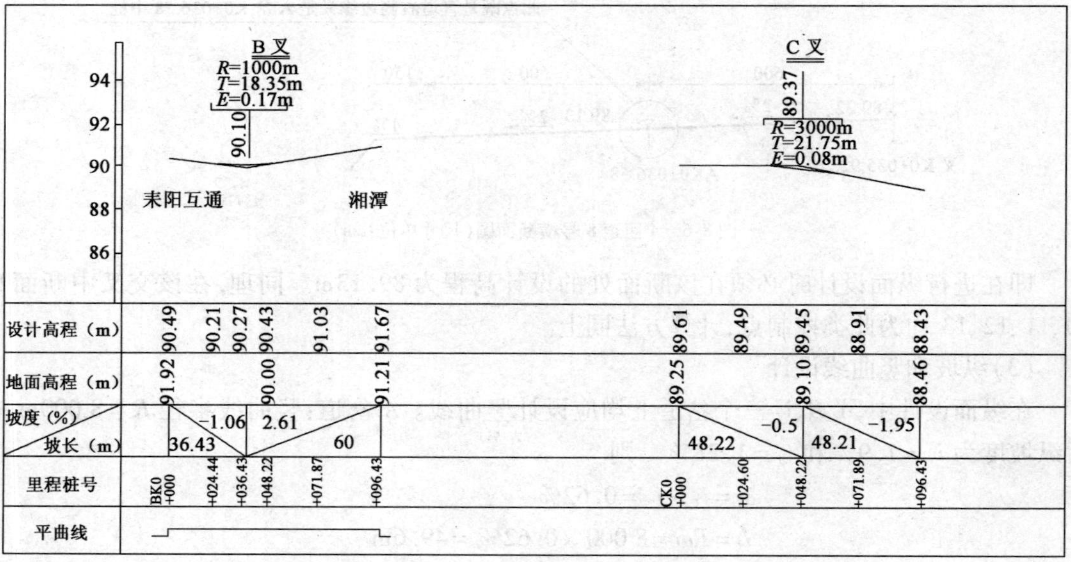

图 8-8　*B* 和 *C* 匝道纵断面设计图

3. 交叉口的横断面设计

结合各断面的设计高程以及曲线上的加宽和超高,绘出各个断面的设计图(图 8-9)。

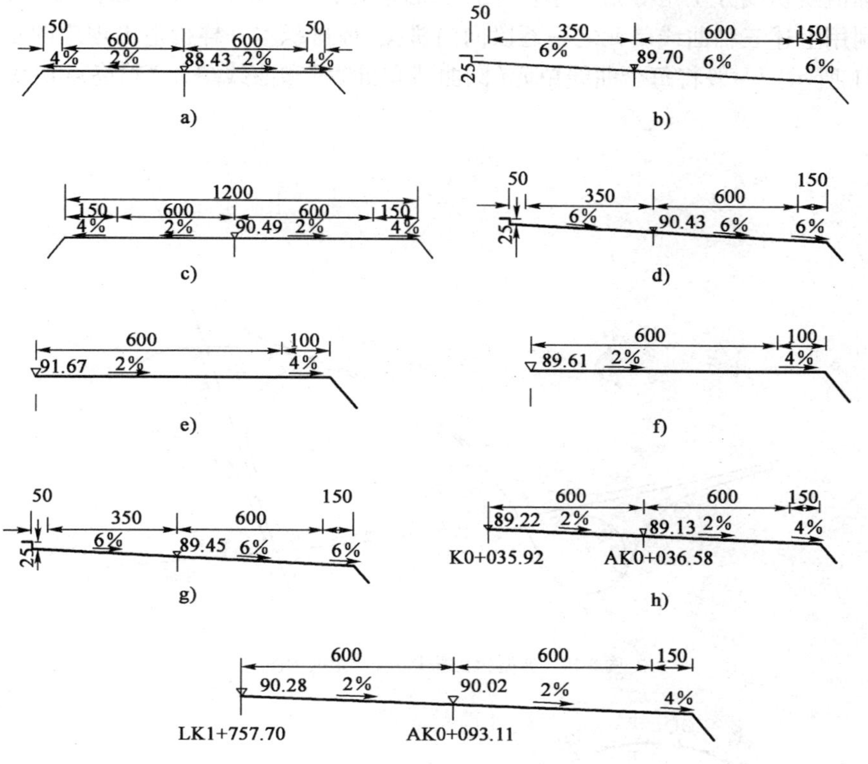

图 8-9　各重要断面的横断面设计图(尺寸单位:cm)

10、11、12、13 号横断面与 9 号横断面形式一致,各个设计高程参照纵断面设计成果。

第二节　立体交叉口施工放样理论计算

一、立交匝道坐标计算

互通式立体交叉是高速公路和城市快速道路必不可少的组成部分,其主要作用是实现道路之间空间交叉和行车方向的转换。汽车在立交匝道上行驶的过程是一个方向和车速不断变化的过程,匝道的平面线形必须适应这种过程。除此之外,还要适应地形、地物的变化,因此,匝道的平面线形比道路主线要复杂(图 8-10)。

匝道的平面线形要素仍然是直线、圆曲线和缓和曲线,但因匝道通常较短,难以争取到较长的直线段,故多以曲线为主,且曲线线形(圆曲线和缓和曲线)布置相当灵活,经常使用卵形曲线、多心复曲线、S 形曲线和复合型曲线,这些线形的设计与计算也相当复杂。传统的以直线为主的“导线法”很难构造互通式立交匝道所需求的变化多端的曲线组合线形,而大多采用以曲线为主的设计方法,积木法就是其中比较典型的一种。

积木法是由东南大学首先提出来的。该方法把每条匝道都看成由一个个独立的直线单元、圆曲线单元或缓和曲线单元拼接而成,只要已知匝道的起点信息或匝道的终点信息(如曲率半径、坐标值及切线方位角等),对于任一种线形单元,只要给定必要的线形参数,从匝道的起点开始,利用上述三种曲线单元之一逐段向前拼接,像搭积木一样构造出理想的匝道平面线形,如图 8-11 所示。一般将每个曲线单元(圆曲线单元、缓和曲线单元)起终点切线的交点标记为“PI”。

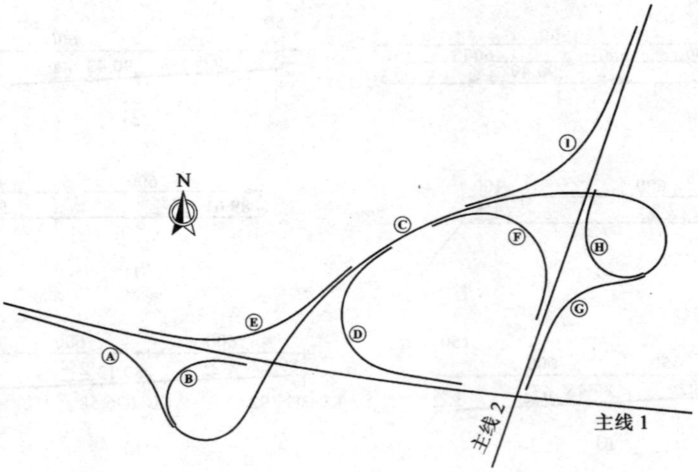

图 8-10　典型的互通式立交匝道线形图

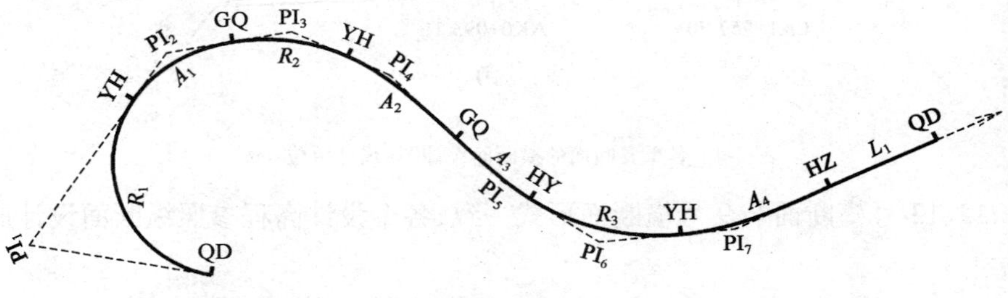

图 8-11　用积木法生成的平曲线

1. 直线单元的计算

如图 8-12 所示,已知直线单元的起点坐标 $O(X_0,Y_0)$ 、起点切线方位角 α_0 、直线单元长度 L。

直线单元的终点坐标 $Z(X_Z,Y_Z)$ 、终点切线方位角 α_Z 计算如下:

$$\alpha_Z = \alpha_0 \tag{8-1}$$

$$\left.\begin{aligned} X_Z &= X_0 + L\cos\alpha_0 \\ Y_Z &= Y_0 + L\sin\alpha_0 \end{aligned}\right\} \tag{8-2}$$

2. 圆曲线单元的计算

如图 8-13 所示,已知圆曲线单元的起点坐标 $O(X_0,Y_0)$ 、起点切线方位角 α_0 、圆曲线半径 R、圆曲线单元长度 L 及偏转方向参数 I(曲线左偏, $I=-1$;曲线右偏, $I=1$)。

圆曲线单元的终点坐标 $Z(X_Z, Y_Z)$、终点切线方位角 α_Z 及其他要素计算如下：

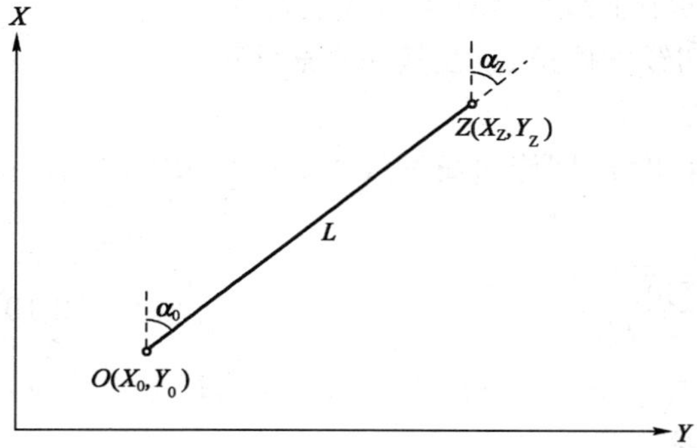

图 8-12 直线单元

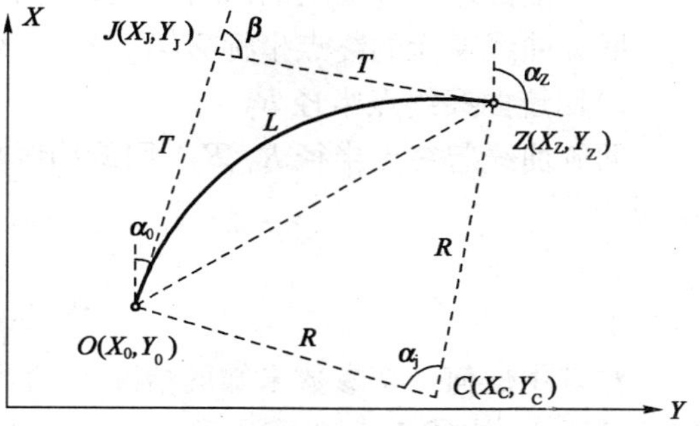

图 8-13 圆曲线单元

1）圆弧角（回转角）$\alpha_J(\beta)$

$$\alpha_J = \beta = \frac{L}{R} \tag{8-3}$$

2）圆心坐标 $C(X_C, Y_C)$

$$\left.\begin{aligned} X_C &= X_0 + R\cos\left(\alpha_0 + I\frac{\pi}{2}\right) \\ Y_C &= Y_0 + R\sin\left(\alpha_0 + I\frac{\pi}{2}\right) \end{aligned}\right\} \tag{8-4}$$

3）切线长 T

$$T = R\tan\left(\frac{\alpha_J}{2}\right) \tag{8-5}$$

4）切线交点坐标 $J(X_J, Y_J)$

$$\left.\begin{aligned} X_J &= X_0 + T\cos\alpha_0 \\ Y_J &= Y_0 + T\sin\alpha_0 \end{aligned}\right\} \tag{8-6}$$

5）终点坐标 $Z(X_Z, Y_Z)$

$$\left.\begin{aligned} X_Z &= X_C + R\cos\left[\alpha_0 - I\left(\frac{\pi}{2} + \alpha_J\right)\right] \\ Y_Z &= Y_C + R\sin\left[\alpha_0 - I\left(\frac{\pi}{2} + \alpha_J\right)\right] \end{aligned}\right\} \tag{8-7}$$

或

$$\left.\begin{aligned} X_Z &= X_J + T\cos(\alpha_0 + I\beta) \\ Y_Z &= Y_J + T\sin(\alpha_0 + I\beta) \end{aligned}\right\} \tag{8-8}$$

6）终点切线方位角 α_Z

$$\alpha_Z = \alpha_0 + I\beta \tag{8-9}$$

3. 回旋曲线单元的计算

如图 8-14 所示，已知回旋曲线单元的起点坐标 $O(X_0, Y_0)$、起点切线方位角 α_0、回旋曲线起点半径 R_0、回旋曲线单元长度 L、回旋曲线参数 A 及偏转方向参数 I（曲线左偏，$I = -1$；曲线

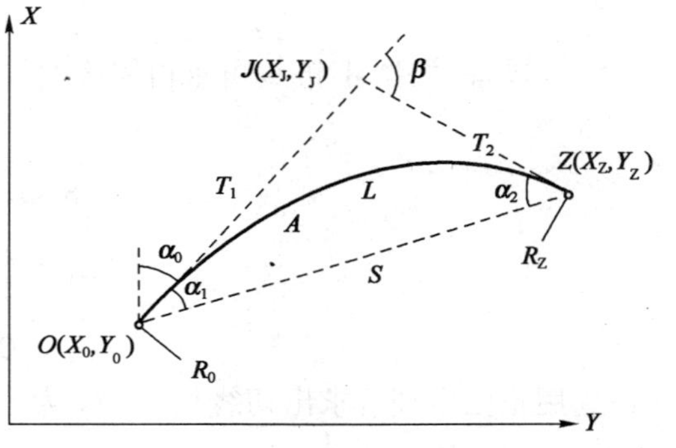

图 8-14 回旋曲线单元

右偏，$I = 1$）。

为了能处理回旋曲线的所有情况，采用部分回旋曲线坐标计算公式进行计算。

回旋曲线单元的终点坐标 $Z(X_Z, Y_Z)$ 、终点切线方位角 α_Z 及其他要素计算如下：

1）回旋曲线终点半径 R_Z

回旋曲线起终点半径 R_0、R_Z 、回旋曲线单元长度 L、回旋曲线参数 A 等四个参数之间的关系为

$$A = \sqrt{\frac{LR_0R_Z}{|R_0 - R_Z|}} \tag{8-10}$$

在其中任何一个参数未知的情况下，都可用式(8-10)推算出来。而在所有四个参数都已知的情况下，式(8-10)则可用于检查与验证设计参数。

由此，当 $R_Z > R_0$ 时：

$$R_Z = \frac{R_0 \cdot A^2}{A^2 - R_0 \cdot L} \tag{8-11}$$

而当 $R_Z < R_0$ 时：

$$R_Z = \frac{R_0 \cdot A^2}{A^2 + R_0 \cdot L} \tag{8-12}$$

2）回转角 β

回旋曲线起终点距回旋曲线原点之间的曲线长度 L_0、L_Z 以及它们的回旋角 τ_0、τ_Z 分别为

$$L_0 = \frac{A^2}{R_0}, L_Z = \frac{A^2}{R_Z} = L_0 + L \tag{8-13}$$

$$\tau_0 = \frac{A^2}{2R_0^2}, \tau_Z = \frac{A^2}{2R_Z^2} \tag{8-14}$$

则回旋曲线的回转角为

$$\beta = |\tau_Z - \tau_0| = \left|\frac{A^2}{2R_Z^2} - \frac{A^2}{2R_0^2}\right| \tag{8-15}$$

3）切线长 T_1、T_2

根据 A 和 L_0，利用回旋曲线参数方程式可求得回旋曲线单元起点的局部坐标(X'_0, Y'_0)：

$$\left.\begin{aligned} X'_0 &= L_0 - \frac{L_0^5}{40A^4} + \frac{L_0^9}{3456A^8} \\ Y'_0 &= \frac{L_0^3}{6A^2} - \frac{L_0^7}{336A^6} + \frac{L_0^{11}}{42240A^{10}} \end{aligned}\right\} \tag{8-16}$$

同理，根据 A 和 L_Z 可求得回旋曲线单元终点的局部坐标(X'_Z, Y'_Z)。

则

$$S = \sqrt{(X'_Z - X'_0)^2 + (Y'_Z - Y'_0)^2} \tag{8-17}$$

$$\alpha_1 = \left|\arctan\frac{Y'_Z - Y'_0}{X'_Z - X'_Z} - \tau_0\right| \tag{8-18}$$

$$\alpha_2 = \beta - \alpha_1 \tag{8-19}$$

利用正弦定理可求出切线长 T_1、T_2 为

$$T_1 = S\frac{\sin\alpha_2}{\sin\beta}, T_2 = S\frac{\sin\alpha_1}{\sin\beta} \tag{8-20}$$

4）切线交点坐标 $J(X_j, Y_j)$

$$\left.\begin{aligned} X_j &= X_0 + T_1\cos\alpha_0 \\ Y_j &= Y_0 + T_1\sin\alpha_0 \end{aligned}\right\} \tag{8-21}$$

5）终点坐标 $Z(X_Z, Y_Z)$

$$\left.\begin{aligned} X_Z &= X_j + T_2\cos(\alpha_0 + I\beta) \\ Y_Z &= Y_j + T_2\sin(\alpha_0 + I\beta) \end{aligned}\right\} \tag{8-22}$$

6）终点切线方位角 α_Z

$$\alpha_Z = \alpha_0 + I\beta \tag{8-23}$$

以上公式是不完整回旋曲线的坐标计算公式，在实际应用中，可将完整回旋曲线当成不完整回旋曲线的特殊情况处理，即当 $R_0 = \infty$ 或 $R_Z = \infty$ 的情形。

二、立交匝道中线坐标计算的通用数学模型

立交匝道中线坐标计算的通用数学模型主要有以下两个特点：

（1）坐标的计算过程不是先计算点在某一局部坐标系中的坐标，再转换成整体坐标，而是直接计算基于路线的整体坐标系的坐标。

（2）同时适用于道路中线的三种曲线要素，即直线、圆曲线和缓和曲线的坐标计算，其中缓和曲线包括实际应用中的以下各种情况：

①连接直线与圆曲线间的完整缓和曲线；

②连接两个不同半径圆曲线的不完整缓和曲线，包括从大半径到小半径方向（正向）的缓和曲线和从小半径到大半径（逆向）的缓和曲线；

③多个不同参数的缓和曲线（包括完整缓和曲线和不完整缓和曲线）的连接。

上述两个特点中，主要是第二个特点体现出了中线坐标计算通用数学模型的独特之处。下面就对中线坐标计算的通用数学模型作一个简单的推导。

1. 曲线上任意点的切线方位角计算

如图 8-15，设回旋曲线起点 A 的曲率为 ρ_A，其里程为 K_A；回旋曲线终点 B 的曲率为 ρ_B，其里程为 K_B。$X'-A-Y'$为以 A 为坐标原点，以 A 点切线为 X'轴的局部坐标系；$X-O-Y$ 为路线整体坐标系。

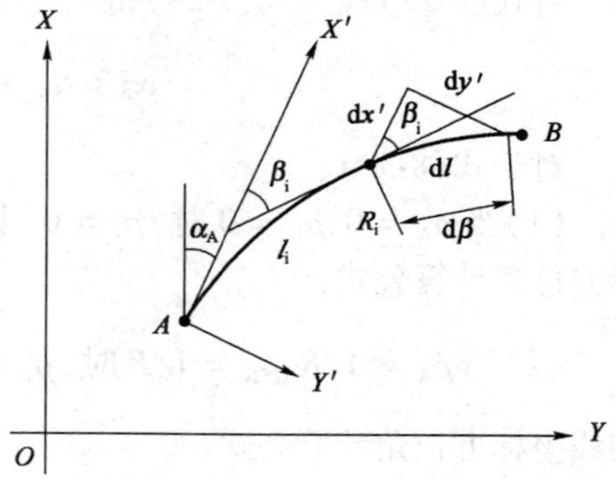

图 8-15 曲线元上任意点坐标计算图式

由于回旋曲线上各点曲率半径 R_i 和该点离曲线起点的距离 l_i成反比，故该回旋曲线上任意点的曲率为

$$\rho_i = \frac{1}{R_i} = \frac{l_i}{c} \quad (c\text{ 为常数}) \tag{8-24}$$

由式(8-24)可知，回旋曲线上任意点的曲率按线性变化，由此回旋曲线上里程为 K_i 点的曲率为

$$\rho_i = \rho_A + \frac{\rho_B - \rho_A}{L} l_i \tag{8-25}$$

式中：L——回旋曲线长度，$L = K_B - K_A$；

l_i——任意点距回旋曲线起点的长度，$l_i = K_i - K_A$。

当曲线右偏时，ρ_A、ρ_B 取正；当曲线左偏时，ρ_A、ρ_B 取负。

在图 8-15 中有

$$\left.\begin{aligned} d\beta &= \frac{1}{R_i}dl = \rho_i dl \\ \beta_i &= \int_0^{l_i}\rho_i dl \end{aligned}\right\} \tag{8-26}$$

将式(8-25)代入式(8-26)得

$$\begin{aligned} \beta_i &= \int_0^{l_i}\rho_i dl = \int_0^{l_i}\left(\rho_A + \frac{\rho_B - \rho_A}{L}l\right)dl \\ &= \rho_A l_i + (\rho_B - \rho_A)\frac{l_i^2}{2L} \\ &= \frac{\rho_A + \rho_i}{2}l_i \end{aligned} \tag{8-27}$$

对于式(8-27)，当回旋曲线起点连接直线（$\rho_A = 0$）且 $l_i = l_s$ 时，即任意点为完整回旋曲线终点时：

$$\beta = \frac{l_s}{2R} \tag{8-28}$$

式(8-28)即为缓和曲线角的计算公式。

若已知回旋曲线起点 A 在线路坐标系下切线坐标方位角 α_A，则里程为 K_i 点切线坐标方位角为

$$\alpha_i = \alpha_A + \beta_i \tag{8-29}$$

将式(8-27)代入式(8-29)得

$$\alpha_i = \alpha_A + \rho_A l_i + (\rho_B - \rho_A)\frac{l_i^2}{2L} = \alpha_A + \frac{\rho_i + \rho_A}{2}l_i \tag{8-30}$$

对于式(8-30)：

(1)当 $\rho_A = 0$，$\rho_B = 0$ 时，$\rho_i = 0$，则：$\alpha_i = \alpha_A$，式(8-30)变成计算直线段上任意点切线坐标方位角计算公式；

(2)当 $\rho_A = 1/R$，$\rho_B = 1/R$ 时，$\rho_i = 1/R$，则 $\alpha_i = \alpha_A + \frac{l_i}{R}$，式(8-30)代表圆曲线上任意点切线坐标方位角计算公式。

式(8-30)抓住了各种曲线元的共性，因此从式(8-30)出发推导的各种公式具有通用性。若已知曲线段起点和终点的曲率及起点的切线坐标方位角，式(8-30)便能计算任意线元点位的切线坐标方位角。

2. 曲线上任意点的坐标计算

由图 8-15 可得回旋曲线上点位在 $X' - A - Y'$ 局部坐标系下的坐标计算公式：

$$\begin{aligned} dx' &= dl\cos\beta_i \\ dy' &= dl\sin\beta_i \end{aligned} \quad\Rightarrow\quad \left.\begin{aligned} x_i' &= \int_0^{l_i}\cos\beta_i dl \\ y_i' &= \int_0^{l_i}\sin\beta_i dl \end{aligned}\right\} \tag{8-31}$$

设回旋曲线起点 A 在路线整体坐标系 $X - O - Y$ 下的坐标为 (X_A, Y_A)，则回旋曲线上任

意点在路线整体坐标系 $X-O-Y$ 下的坐标为

$$\left.\begin{aligned} X_i &= X_A + \int_0^{l_i} \cos\alpha_i \mathrm{d}l \\ Y_i &= Y_A + \int_0^{l_i} \sin\alpha_i \mathrm{d}l \end{aligned}\right\} \tag{8-32}$$

虽然式(8-32)是由回旋曲线导出的,但通过前面所述设置相应的 ρ_A、ρ_B 值,也同样适用于直线段和圆曲线段的计算。

CASIO fx-5800P 型可编程函数计算器本身具有定积分函数的计算功能,因此,使用 CASIO fx-5800P 计算器来计算匝道中线的坐标非常方便。结合式(8-30)和式(8-32),积分函数可表达为

$$\left.\begin{aligned} X_i &= X_A + \int_0^{l_i} \cos\left[\alpha_A + \rho_A l + (\rho_B - \rho_A)\frac{l^2}{2L}\right]\mathrm{d}l \\ Y_i &= Y_A + \int_0^{l_i} \sin\left[\alpha_A + \rho_A l + (\rho_B - \rho_A)\frac{l^2}{2L}\right]\mathrm{d}l \end{aligned}\right\} \tag{8-33}$$

以上公式计算过程简洁,适用于复杂线形组合的道路中线及立交匝道的中桩坐标计算,但缺点是每次只能对一种曲线要素进行计算。

第三节　立交匝道中线坐标计算工程案例

1. 工程概况

湖南省内某高速公路第二合同段内有一处立交——MN 互通式立交,为匝道下穿主线的 A 型单喇叭,立交的中心桩号为 MRK5+67.062(主线),被交路为国道 G107。立交设计等级为三级,匝道下穿主线。匝道的设计车速为 40km/h,匝道平曲线最小半径为 $R=60$m(A 匝道),最小缓和曲线参数 A-72(B 匝道)。立交共设置四条匝道(A、B、C、D),其中 A 匝道为对向双车道(四车道)主匝道,B、C、D 匝道为单向单车道,匝道总长度为 1 905.739m。

匝道断面尺寸详见表 8-3。

匝道横断面组成表　　　　表 8-3

断面尺寸 \ 匝道类型	行车道(m)	路肩(含侧带)(m)			中央分隔带(含侧带)(m)	总宽(m)
		左侧硬路肩	右侧硬路肩	土路肩		
主线	4×3.75	3.2	3.2	2×0.75	1.6	24.50
单向单车道	3.5+a	1	2.50	2×0.75	—	8.5+a
对向双车道	2×3.50	2.50	2.50	2×0.75	2.0	15.50
对向四车道	4×3.50	2.50	2.50	2×0.75	2.0	22.50
被交路 G107	2×3.50	2.50	2.50	—	—	12.00

注:表中 a 为加宽值。

MN 互通式立交线位数据资料见图 8-16、表 8-4 和表 8-5。

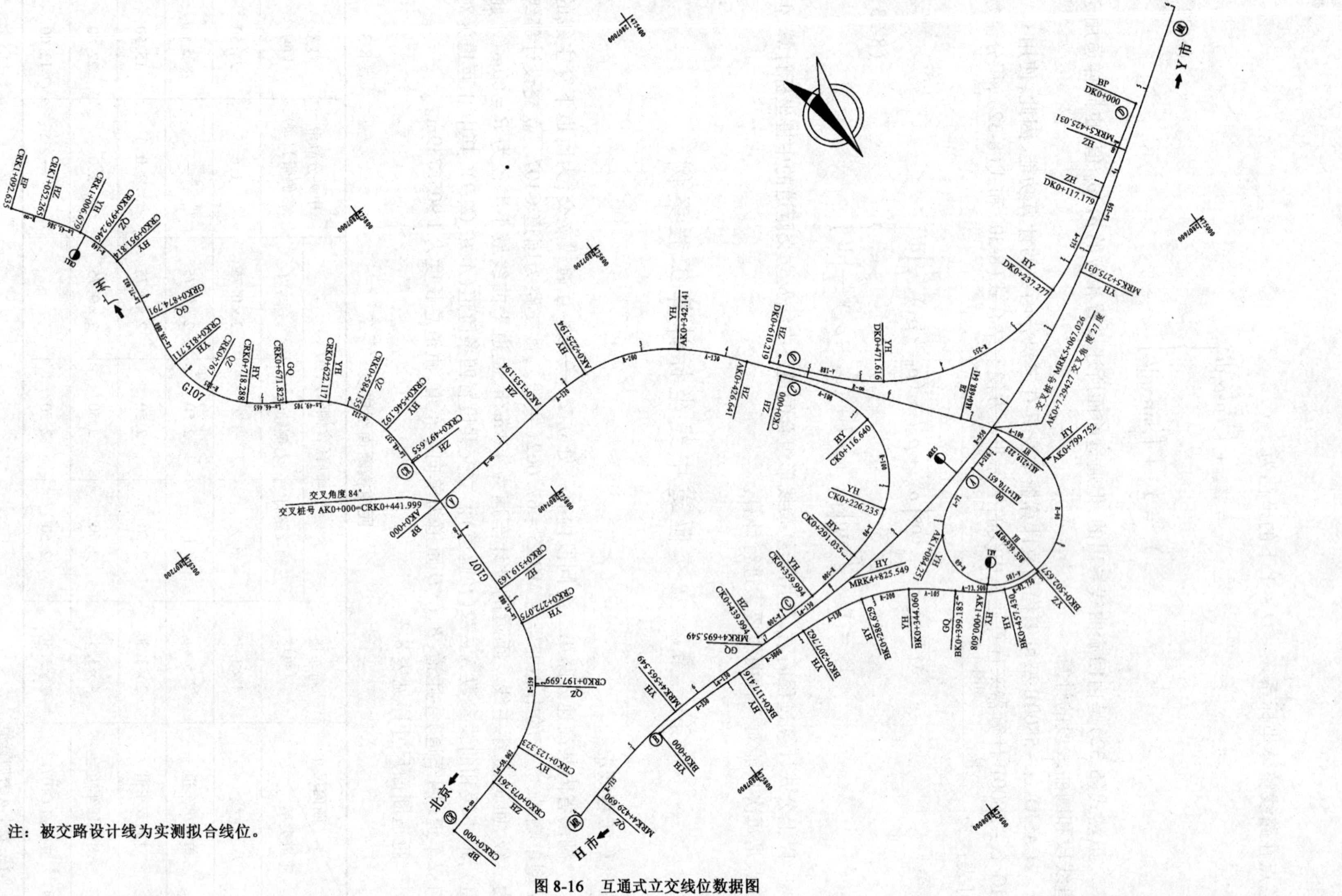

注：被交路设计线为实测拟合线位。

图 8-16　互通式立交线位数据图

主点坐标表 表8-4

匝道名称	点名	桩　　号	坐标（m）		方位角
			X(N)	Y(E)	
MR匝道（主线）	HY	MRK4+293.831	2 807 753.171	476 095.843	
	IP0		2 807 694.321	475 971.554	244°39′45.2″
	YH	MRK4+565.549	2 807 685.773	475 834.302	266°26′11.1″
	IP1		2 807 683.077	475 791.018	266°26′11.1″
	GQ	MRK4+695.549	2 807 685.567	475 704.350	271°38′42.5″
	IP2		2 807 688.055	475 617.697	271°38′42.5″
	HY	MRK4+825.549	2 807 686.334	475 574.379	267°43′29.6″
	IP3		2 807 677.242	475 345.530	267°43′29.6″
	YH	MRK5+275.031	2 807 564.867	475 145.965	240°36′57.9″
	IP4		2 807 540.320	475 102.372	240°36′57.9″
	HZ	MRK5+425.031	2 807 484.516	475 019.351	236°05′33.8″
	ZH	MRK6+239.502	2 807 030.163	474 343.387	236°05′33.8″
A匝道	BP	AK0+000	2 807 325.291	475 961.008	
	ZH	AK0+153.194	2 807 311.286	475 763.456	264°45′16.6″
	IP0		2 807 306.891	475 715.576	264°45′16.6″
	HY	AK0+225.194	2 807 309.017	475 691.595	275°04′04.3″
	IP1		2 807 314.335	475 631.632	275°04′04.3″
	YH	AK0+342.141	2 807 351.868	475 584.566	308°34′15.2″
	IP2		2 807 369.504	475 562.450	308°34′15.2″
	HZ	AK0+426.641	2 807 413.184	475 526.667	320°40′28.7″
	ZH	AK0+688.641	2 807 615.856	475 360.631	320°40′28.7″
	IP3		2 807 674.344	475 312.716	320°40′28.7″
	HY	AK0+799.752	2 807 712.688	475 310.063	356°02′32.6″
	IP4		2 807 800.729	475 303.972	356°02′32.6″
	YH	AK0+939.358	2 807 808.546	475 391.877	84°55′05.3″
	IP5		2 807 808.878	475 426.650	84°55′05.3″
	HY	AK1+000.608	2 807 787.798	475 448.740	133°39′33.6″
	IP6		2 807 753.119	475 485.082	133°39′33.6″
	YH	AK1+084.251	2 807 711.246	475 457.332	213°31′58.2″
	IP7		2 807 685.987	475 440.593	213°31′58.2″
	GQ	AK1+170.651	2 807 670.439	475 383.423	254°47′08.8″
	IP8		2 807 661.941	475 352.176	254°47′08.8″
	EP	AK1+219.223	2 807 657.298	475 336.664	253°20′13.7″

续上表

匝道名称	点名	桩　　号	坐 标（m）		方 位 角
			X(N)	Y(E)	
B 匝道	BP	BK0 +000	2 807 694.836	475 864.056	266°51′11.4″
	IP0		2 807 692.275	475 817.465	272°43′20.7″
	HY	BK0 +117.416	2 807 695.640	475 746.696	272°43′20.7″
	IP1		2 807 697.786	475 701.570	274°26′52.4″
	YH	BK0 +207.762	2 807 701.289	475 656.530	274°26′52.4″
	IP2		2 807 705.250	475 605.619	286°29′52.2″
	HY	BK0 +286.629	2 807 713.215	475 578.724	286°29′52.2″
	IP3		2 807 721.426	475 551.000	302°57′02.4″
	YH	BK0 +344.060	2 807 737.153	475 526.737	302°57′02.4″
	IP4		2 807 747.166	475 511.290	310°50′48.3″
	GQ	BK0 +399.185	2 807 771.226	475 483.462	310°50′48.3″
	IP5		2 807 796.755	475 453.935	292°51′23.1″
	HY	BK0 +457.430	2 807 804.367	475 435.875	292°51′23.1″
	IP6		2 807 813.329	475 414.614	264°55′05.3″
	EP	BK0 +502.657	2 807 811.286	475 391.633	
C 匝道	BP	CK0 +000	2 807 450.147	475 504.465	320°40′28.7″
	IP0		2 807 511.407	475 454.279	354°05′22.3″
	HY	CK0 +116.640	2 807 551.378	475 450.141	354°05′22.3″
	IP1		2 807 612.086	475 443.856	56°52′57.6″
	YH	CK0 +226.235	2 807 645.431	475 494.974	56°52′57.6″
	IP2		2 807 659.397	475 516.384	79°09′33.4″
	HY	CK0 +291.035	2 807 666.919	475 555.662	79°09′33.4″
	IP3		2 807 673.414	475 589.581	87°03′41.3″
	YH	CK0 +359.994	2 807 675.185	475 624.070	87°03′41.3″
	IP4		2 807 676.553	475 650.718	91°38′42.5″
	EP	CK0 +439.994	2 807 675.021	475 704.047	
D 匝道	BP	DK0 +000	2 807 448.415	474 977.383	58°57′27″
	ZH	DK0 +117.179	2 807 508.842	475 077.780	58°57′27″
	IP0		2 807 550.250	475 146.580	72°26′59.6″
	HY	DK0 +237.277	2 807 562.385	475 184.952	72°26′59.6″
	IP1		2 807 600.433	475 305.255	125°06′11.6″
	YH	DK0 +471.616	2 807 527.875	475 408.482	125°06′11.6″
	IP2		2 807 501.118	475 446.548	140°40′28.7″
	EP	DK0 +610.219	2 807 429.361	475 505.334	

曲　线　表　　　　表 8-5

匝道名称	交点编号	曲线转角 α(β)	半径 R (m)	切线长(m)		外距 E (m)	曲线长 L_y/L_s (m)	曲线参数 A (m)
				T_1	T_2			
MR 匝道（主线）	IP0	21°46′25″(R)	715	137.518		13.105	271.719	
	IP1	5°12′31″(R)		43.367	86.704		130	304.877
	IP2	3°55′12″(L)		86.688	43.353		130	351.426
	IP3	27°06′31″(L)	950	229.029		27.218	449.481	
	IP4	4°31′24″(L)		50.030	100.033		150	377.492
	IP5	8°20′02″(R)		106.785	53.441		160	296.648
A 匝道	IP0	10°18′47″(R)		48.082	24.074		72	120
	IP1	33°30′10″(R)	200	60.199		8.863	116.948	
	IP2	12°06′13″(R)		28.287	56.466		84.500	130
	IP3	35°22′03″(R)		75.609	38.436		111.111	100
	IP4	88°52′32″(R)	90	88.251		36.049	139.606	
	IP5	48°44′28″(R)		34.666	30.534		61.250	105
	IP6	79°52′24″(R)	60	50.233		18.252	83.643	
	IP7	41°15′10″(R)		30.302	59.246		86.400	72
	IP8	1°26′55″(L)		32.383	16.192		48.572	216
B 匝道	IP0	5°52′09″(R)		46.661	70.850		117.416	330
	IP1	1°43′31″(R)	3000	45.177		0.340	90.346	
	IP2	12°02′59″(R)		51.064	28.050		78.867	150
	IP3	16°27′10″(R)	200	28.915		2.079	57.431	
	IP4	7°53′45″(R)		18.408	36.787		55.125	105
	IP5	17°59′25″(L)		39.033	19.599		58.245	73.5
	IP5	27°56′17″(L)	92.75	23.072		2.827	45.226	
C 匝道	IP0	33°24′53″(R)		79.192	40.185		116.640	108
	IP1	62°47′35″(R)	100	61.032		17.153	109.595	
	IP2	22°16′35″(R)		25.563	39.992		64.800	90
	IP3	7°54′07″(R)	500	34.535		1.191	68.960	
	IP4	4°35′01″(R)		26.683	53.351		80	200
D 匝道	IP0	13°29′32″(R)		80.299	40.245		120.098	175
	IP1	52°39′11″(R)	255	126.177		29.509	234.338	
	IP2	15°34′17″(R)		46.529	92.763		138.604	188

2. 立交匝道线形要素计算示例

以 *B* 匝道第三条线形单元(不完整缓和曲线单元,BK0 + 207.762 ~ BK0 + 286.629)为例,试计算以下要素,并与设计文件数据进行验证:

(1)缓和曲线参数;

(2)曲线转角;

(3)第一、第二切线长；

(4)曲线交点坐标；

(5)该线形单元的终点(HY,BK0+286.629)坐标与切线方位角。

从MN互通式立交线位数据图上可得，该线形单元起点(YH,BK0+207.762)的坐标为(2 807 701.289,475 656.53)，切线方位角274°26′52.4″。

1)求缓和曲线参数

缓和曲线长度 $L=286.629-207.762=78.867(\mathrm{m})$。

根据 $L = 78.867\mathrm{m}$、$R_0 = 3\,000\mathrm{m}$、$R_Z = 200\mathrm{m}$，可得

$$A=\sqrt{\frac{LR_0R_Z}{|R_0-R_Z|}}=\sqrt{\frac{78.867\times3\,000\times200}{|3\,000-200|}}=130(\mathrm{m})$$

2)求曲线转角

$$\tau_0=\frac{A^2}{2R_0^2}=\frac{130^2}{2\times3\,000^2}=0.000\,938\,9(\mathrm{rad})$$

$$\tau_Z=\frac{A^2}{2R_Z^2}=\frac{130^2}{2\times200^2}=0.211\,25(\mathrm{rad})$$

$$\beta=|\tau_0-\tau_Z|=|0.000\,938\,9-0.211\,25|=0.210\,311\,1(\mathrm{rad})=12°02'59.8''$$

因为1″≈0.000 005rad，为保证计算的精度，对于计算结果单位是弧度的，小数点后应保留至7位有效数字。

3)求第一、第二切线长 T_1、T_2

缓和曲线起终点距缓和曲线原点的曲线长 L_0、L_Z 分别为

$$L_0=\frac{A^2}{R_0}=\frac{130^2}{3\,000}=5.633(\mathrm{m})$$

$$L_Z=\frac{A^2}{R_Z}=\frac{130^2}{200}=84.5(\mathrm{m})$$

$$L_Z-L_0=84.5-5.633=78.867\mathrm{m}=L\quad(\text{验证准确})$$

根据 A 和 L_0，利用回旋曲线参数方程式求得缓和曲线起点的局部坐标为

$$X'_0=L_0-\frac{L_0^5}{40A^4}+\frac{L_0^9}{3\,456A^8}$$

$$=5.633-\frac{5.633^5}{40\times130^4}+\frac{5.633^9}{3\,456\times130^8}$$

$$=5.633(\mathrm{m})$$

$$Y'_0=\frac{L_0^3}{6A^2}-\frac{L_0^7}{336A^6}+\frac{L_0^{11}}{42\,240A^{10}}$$

$$=\frac{5.633^3}{6\times130^2}-\frac{5.633^7}{336\times130^6}+\frac{5.633^{11}}{42\,240\times130^{10}}$$

$$=0.002(\mathrm{m})$$

同理，根据 A 和 L_Z 可求得

$$X'_Z=84.124\mathrm{m},\ Y'_Z=5.931\mathrm{m}$$

则

$$S = \sqrt{(X'_Z - X'_0)^2 + (Y'_Z - Y'_0)^2}$$
$$= \sqrt{(84.124 - 5.633)^2 + (5.931 - 0.002)^2}$$
$$= 78.715(\text{m})$$
$$\alpha_1 = \left| \arctan\frac{Y'_Z - Y'_0}{X'_Z - X'_0} - \tau_0 \right|$$
$$= \left| \arctan\frac{5.931 - 0.002}{84.124 - 5.633} - 0.000\,938\,9 \right|$$
$$= 0.074\,455\,2(\text{rad}) = 4°15'57.5''$$
$$\alpha_2 = \beta - \alpha_1 = 0.210\,311\,1 - 0.074\,455\,2 = 0.135\,855\,9(\text{rad}) = 7°47'02.3''$$

切线长：

$$T_1 = S\frac{\sin\alpha_2}{\sin\beta} = 78.715 \times \frac{\sin 7°47'02.3''}{\sin 12°02'59.8''} = 51.067(\text{m})$$
$$T_2 = S\frac{\sin\alpha_1}{\sin\beta} = 78.715 \times \frac{\sin 4°15'57.5''}{\sin 12°02'59.8''} = 28.048(\text{m})$$

4)求曲线交点坐标

缓和曲线切线交点坐标：

$$X_J = X_0 + T_1 \cdot \cos\alpha_0 = 2\,807\,701.289 + 51.067 \times \cos 274°26'52.4'' = 2\,807\,705.249(\text{m})$$
$$Y_J = Y_0 + T_1 \cdot \sin\alpha_0 = 475\,656.530 + 51.067 \times \sin 274°26'52.4'' = 475\,605.617(\text{m})$$

5)求终点(HY,BK0 +286.629)坐标与切线方位角

因该缓和曲线右转，偏转方向参数 $I = 1$，则缓和曲线终点坐标及切线方位角为

$$X_Z = x_J + T_2\cos(\alpha_0 + I\beta)$$
$$= 2\,807\,705.249 + 28.048 \times \cos(274°26'52.4'' + 12°02'59.8'')$$
$$= 2\,807\,713.214(\text{m})$$
$$Y_Z = y_J + T_2\sin(\alpha_0 + I\beta)$$
$$= 475\,605.617 + 28.048 \times \sin(274°26'52.4'' + 12°02'59.8'')$$
$$= 475\,578.724(\text{m})$$
$$\alpha_Z = \alpha_0 + I\beta$$
$$= 274°26'52.4'' + 12°02'59.8''$$
$$= 286°29'52.2''$$

3. 立交匝道中线坐标计算示例

以 B 匝道第三条线形单元(不完整缓和曲线单元,BK0 +207.762 ~ BK0 +286.629)为例，试计算以下中桩的坐标及其切线方位角：

(1)缓和曲线上中桩 BK0 +250；

(2)缓和曲线终点 BK0 +286.629。

解:现已知

$$X_0 = 2\,807\,701.289\text{m}, Y_0 = 475\,656.530\text{m}$$
$$\alpha_0 = 274°26'52.4'' = 274.447\,888\,9° = 4.790\,019\,286\text{rad}$$
$$R_0 = 3\,000\text{m}, R_Z = 200\text{m}$$

$$L = 286.629 - 207.762 = 78.867(\mathrm{m})$$

(1)求缓和曲线上中桩 BK0 +250 的坐标及切线方位角。

$$l_i = 250 - 207.762 = 42.238(\mathrm{m})$$

求切线方位角：

$$\alpha_i = \alpha_0 + \rho_0 l_i + (\rho_Z - \rho_0)\frac{l_i^2}{2L}$$

$$= 4.790\,019\,286 + \frac{1}{3\,000} \times 42.238 + \left(\frac{1}{200} - \frac{1}{3\,000}\right) \times \frac{42.238^2}{2 \times 78.867}$$

$$= 4.856\,880\,901(\mathrm{rad})$$

$$= 278°16'43.6''$$

求坐标：

$$x_i = x_0 + \int_0^{l_i} \cos\left[\alpha_0 + \rho_0 l + (\rho_Z - \rho_0)\frac{l^2}{2L}\right] \mathrm{d}l$$

$$= 2\,807\,701.289 + \int_0^{42.238} \cos\left[4.790\,019\,286 + \frac{l}{3\,000} + \left(\frac{1}{200} - \frac{1}{3\,000}\right) \times \frac{l^2}{2 \times 78.867}\right] \mathrm{d}l$$

$$= 2\,807\,701.289 + \int_0^{42.238} \cos(4.790\,019\,286 + 0.000\,333\,33l + 0.000\,029\,59l^2)\,\mathrm{d}l$$

$$= 2\,807\,705.600(\mathrm{m})$$

$$y_i = y_0 + \int_0^{l_i} \sin\left[\alpha_0 + \rho_0 l + (\rho_Z - \rho_0)\frac{l^2}{2L}\right] \mathrm{d}l$$

$$= 475\,656.530 + \int_0^{42.238} \sin\left[4.790\,019\,286 + \frac{l}{3\,000} + \left(\frac{1}{200} - \frac{1}{3\,000}\right) \times \frac{l^2}{2 \times 78.867}\right] \mathrm{d}l$$

$$= 475\,656.530 + \int_0^{42.238} \sin(4.790\,019\,286 + 0.000\,333\,33l + 0.000\,029\,59l^2)\,\mathrm{d}l$$

$$= 475\,614.521(\mathrm{m})$$

(2)求缓和曲线终点 BK0 +286.629 的坐标及切线方位角。

$$l_i = L = 78.867\mathrm{m}$$

求切线方位角：

$$\alpha_Z = \alpha_0 + \rho_0 l_i + (\rho_z - \rho_0)\frac{l_i^2}{2L}$$

$$= 4.790\,019\,286 + \frac{1}{3\,000} \times 78.867 + \left(\frac{1}{200} - \frac{1}{3\,000}\right) \times \frac{78.867^2}{2 \times 78.867}$$

$$= 5.000\,331\,286(\mathrm{rad})$$

$$= 286°29'52.36''$$

求坐标：

$$x_Z = x_0 + \int_0^{l_i} \cos\left[\alpha_0 + \rho_0 l + (\rho_Z - \rho_0)\frac{l^2}{2L}\right] \mathrm{d}l$$

$$= 2\,807\,701.289 + \int_0^{78.867} \cos\left[4.790\,019\,286 + \frac{l}{3\,000} + \left(\frac{1}{200} - \frac{1}{3\,000}\right) \times \frac{l^2}{2 \times 78.867}\right] \mathrm{d}l$$

$$= 2\,807\,701.289 + \int_0^{78.867} \cos(4.790\,019\,286 + 0.000\,333\,33l + 0.000\,029\,59l^2)\,\mathrm{d}l$$

$$= 2\,807\,713.215(\mathrm{m})$$

$$y_Z = y_0 + \int_0^{l_i} \sin\left[\alpha_0 + \rho_0 l + (\rho_Z - \rho_0)\frac{l^2}{2L}\right] dl$$

$$= 475\,656.530 + \int_0^{78.867} \sin\left[4.790\,019\,286 + \frac{l}{3\,000} + \left(\frac{1}{200} - \frac{1}{3\,000}\right) \times \frac{l^2}{2 \times 78.867}\right] dl$$

$$= 475\,656.530 + \int_0^{78.867} \sin(4.790\,019\,286 + 0.000\,333\,33l + 0.000\,029\,59l^2)\, dl$$

$$= 475\,578.725(\text{m})$$

以上积分可使用 CASIO fx－5800P 计算器的积分函数功能进行计算。

表 8-6 给出了由道路路线 CAD 软件计算的相关结果，供读者进行计算验证。

***B* 匝道中桩坐标、切线方位角计算结果** 表 8-6

桩　　号	中桩坐标(m)		切线方位角
	X(N)	*Y*(E)	
K0 +000	2 807 694.836	475 864.056	266°51′11″
K0 +010	2 807 694.356	475 854.068	267°38′08″
K0 +020	2 807 694.008	475 844.074	268°21′55″
K0 +030	2 807 693.782	475 834.076	269°02′33″
K0 +040	2 807 693.671	475 824.077	269°40′02″
K0 +050	2 807 693.663	475 814.077	270°14′21″
K0 +060	2 807 693.751	475 804.077	270°45′31″
K0 +070	2 807 693.925	475 794.079	271°13′31″
K0 +080	2 807 694.176	475 784.082	271°38′22″
K0 +090	2 807 694.494	475 774.087	272°00′03″
K0 +100	2 807 694.871	475 764.094	272°18′36″
K0 +110	2 807 695.297	475 754.103	272°33′58″
K0 +120	2 807 695.763	475 744.114	272°46′18″
K0 +130	2 807 696.263	475 734.127	272°57′45″
K0 +140	2 807 696.797	475 724.141	273°09′13″
K0 +150	2 807 697.364	475 714.157	273°20′41″
K0 +160	2 807 697.964	475 704.175	273°32′08″
K0 +170	2 807 698.597	475 694.195	273°43′36″
K0 +180	2 807 699.264	475 684.218	273°55′03″
K0 +190	2 807 699.964	475 674.242	274°06′31″
K0 +200	2 807 700.697	475 664.269	274°17′58″
K0 +210	2 807 701.463	475 654.298	274°29′56″
K0 +220	2 807 702.281	475 644.332	274°56′07″
K0 +230	2 807 703.203	475 634.375	275°42′39″
K0 +240	2 807 704.29	475 624.434	276°49′31″
K0 +250	2 807 705.6	475 614.52	278°16′43″
K0 +260	2 807 707.189	475 604.648	280°04′16″

续上表

桩　号	中桩坐标(m)		切线方位角
	X(N)	Y(E)	
K0 +270	2 807 709.116	475 594.836	282°12′10″
K0 +280	2 807 711.435	475 585.109	284°40′23″
K0 +290	2 807 714.199	475 575.5	287°27′49″
K0 +300	2 807 717.437	475 566.04	290°19′42″
K0 +310	2 807 721.144	475 556.753	293°11′35″
K0 +320	2 807 725.31	475 547.664	296°03′28″
K0 +330	2 807 729.926	475 538.794	298°55′22″
K0 +340	2 807 734.979	475 530.166	301°47′15″
K0 +350	2 807 740.454	475 521.799	304°33′38″
K0 +360	2 807 746.296	475 513.684	306°51′24″
K0 +370	2 807 752.424	475 505.782	308°38′00″
K0 +380	2 807 758.758	475 498.044	309°53′25″
K0 +390	2 807 765.226	475 490.417	310°37′39″
K0 +400	2 807 771.758	475 482.845	310°50′35″
K0 +410	2 807 778.268	475 475.255	310°13′35″
K0 +420	2 807 784.626	475 467.536	308°32′56″
K0 +430	2 807 790.681	475 459.579	305°48′40″
K0 +440	2 807 796.272	475 451.29	302°00′45″
K0 +450	2 807 801.22	475 442.604	297°09′12″
K0 +460	2 807 805.331	475 433.493	291°16′08″
K0 +470	2 807 808.45	475 423.997	285°05′29″
K0 +480	2 807 810.528	475 414.22	278°54′50″
K0 +490	2 807 811.543	475 404.277	272°44′11″
K0 +500	2 807 811.481	475 394.282	266°33′32″

学生实训　平面交叉口计算

【实训一】　绘制交叉口立面图

现有某市纬一路(行车道宽度 14m)改建,它与经一路(行车道宽度 12m)正交,如图 8-17 所示。

要求:试绘制交叉口的立面设计图。

1. 确定排水控制点

根据该交叉口平面图形及城市道路的排水设计确定出各个位置上的排水控制点。

2. 确定交叉口的设计范围

纬一路:桩号 K1 +425 ~ K1 +475 为交叉口范围。

经一路:路北取东北角高程点为 5.03m 的雨水口横断面为施工范围;路南取大致与路北对称的地方为施工范围。

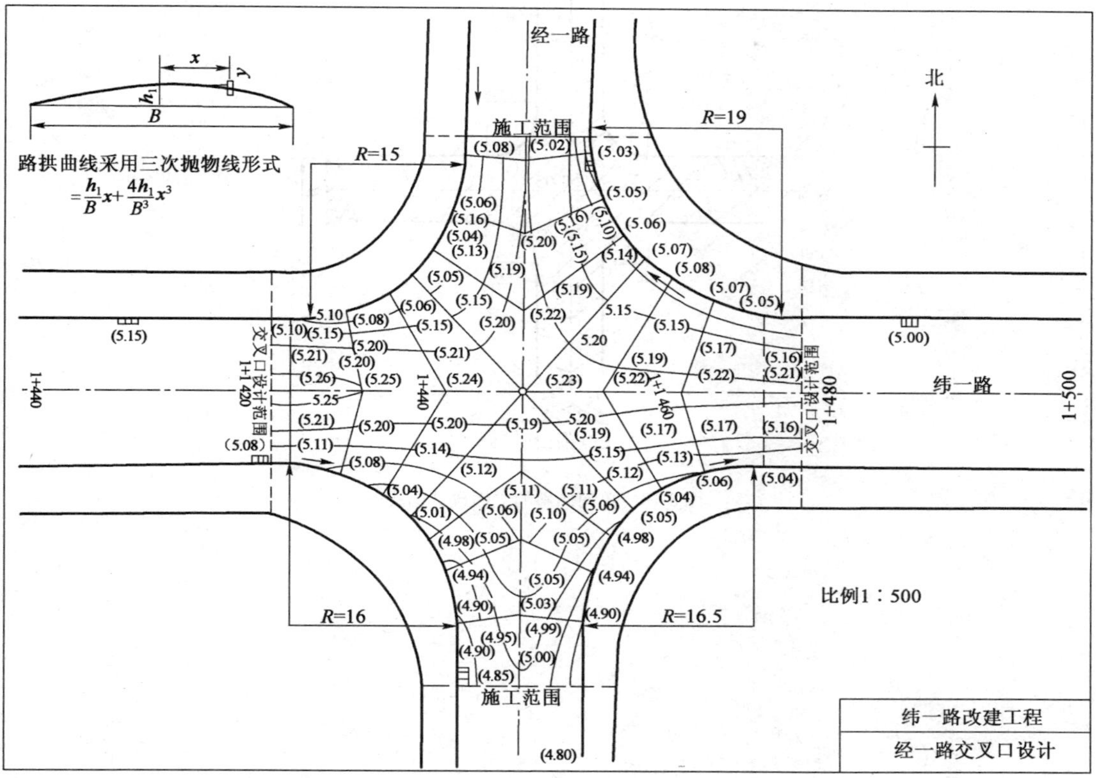

图 8-17 城市道路平面交叉口示意图

3. 计算各点高程

确定高程点计算线网形式,绘制高程计算线,定出高程点,并计算各高程点的高程。

本例交叉口平面图示为正交 X 形,所以可采用圆心法,以相交道路的中心线为路脊线,把它若干等分,与相应的转角圆心连成直线,即得圆心法的高程点计算线网。

再根据每条高程点计算线的长短取其中点或三等分点,作为高程布置点。

然后根据每条高程点计算线两端(即路脊线上的各点与相应连接的缘石曲线上的各点)的高程差值 h_1,按照所选用的路拱抛物线计算公式分别计算出所有高程布置点的高程。

4. 绘出交叉口的设计等高线

当计算完所有的设计高程点以后,就可以按照这些数据绘出初步的等高线。按照该等高线图来审查各部分高程是否匀称协调,如有矛盾,则应根据排水要求予以调整,使其设计完美。

【实训二】 十字形交叉口方格网法

两主干道相交,交叉口为斜坡地形,南北向主干道中心线及街沟纵坡为 $i_1 = i_3 = 0.03$,由北向南倾斜;东西向主干道中心线及街沟纵坡为 $i_1 = i_3 = 0.02$,由东向西倾斜。行车道宽度

均为 $B=15\text{m}$。缘石曲线半径均用 $R=10\text{m}$，交叉口中心点 A 设计高程 $h_A=2.15\text{m}$，相邻等高线高差 $h=0.1\text{m}$，路面横坡 $i_2=0.02$，如图 8-18 所示。

要求：(1)试对两主干道的平面交叉口进行交叉口设计；

(2)根据设计资料，详细写出平面交叉口施工放样方法和步骤。

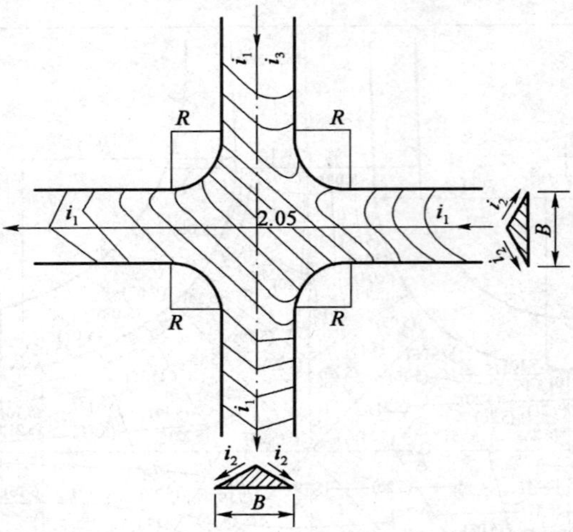

图 8-18　单向倾斜的立面设计图式

参考文献

[1] 潘威.公路工程实用施工放样技术[M].北京:人民交通出版社,2003.

[2] 覃辉,段长虹.CASIO fx-5800P 矩阵编程计算器原理与实用测量程序[M].上海:同济大学出版社,2007.

[3] 周建郑.工程测量(测绘类)[M].郑州:黄河水利出版社,2005.

[4] 覃辉.建筑工程测量[M].北京:中国建筑工业出版社,2007.

[5] 许娅娅,张碧琴.公路施工测量百问[M].北京:人民交通出版社,2002.

[6] 刘培文.公路施工测量技术[M].北京:人民交通出版社,2003.